달콤한 코바늘

달콤한 코바늘

코바늘로 뜨는 과일·채소·디저트

레티시아 달비스 지음 | 구영옥 옮김

시그마북스
Sigma Books

달콤한 코바늘

발행일 2021년 10월 15일 초판 1쇄 발행
지은이 레티시아 달비스
옮긴이 구영옥
발행인 강학경
발행처 시그마북스
마케팅 정제용
에디터 윤원진, 장민정, 최윤정, 최연정
디자인 고유진, 김문배, 강경희

등록번호 제10-965호
주소 서울특별시 영등포구 양평로 22길 21 선유도코오롱디지털타워 A402호
전자우편 sigmabooks@spress.co.kr
홈페이지 http://www.sigmabooks.co.kr
전화 (02) 2062-5288~9
팩시밀리 (02) 323-4197
ISBN 979-11-91307-69-6 (13630)

* 시그마북스는 (주) 시그마프레스의 자매회사로 일반 단행본 전문 출판사입니다.

차례

뜨개법 노트

뜨개법 노트

준비물

코바늘

코바늘은 스틸, 알루미늄, 플라스틱, 나무, 대나무 등 소재와 크기가 다양해 그 종류가 무수히 많다. 나뭇가지처럼 곧은 바늘이 있는가 하면 잡기 편하게 인체공학적인 손잡이가 있는 바늘도 있다. 필자는 클로버 사에서 나오는 '아모르'를 선호하는데, 인체공학적 손잡이가 있어 편리하다. 책 속에 등장하는 귀여운 먹거리들은 모두 3.5mm 바늘을 사용해 완성했다.

실

모든 작품은 디엠씨 사의 네추라 저스트 코튼(50g, 약 155m) 실로 만들었다. 광택이 없는 100% 소면이고 컬러는 71가지로 다양하다. 특히 아미구루미(뜨개 인형) 스타일뿐만 아니라 여느 뜨개 작품을 만들 때도 적당하다.

이 실을 사용할 때는 3mm 바늘을 쓰는 것을 추천한다. 하지만 (조금 더 단단하거나 유연한 바늘 등) 원하는 바늘이 있거나 (촘촘하게 뜨는 등) 뜨개법에 따라서 좀 더 굵은 바늘을 사용해도 좋다. 다른 실도 사용할 수 있지만 이럴 때는 사용할 바늘의 굵기를 고려해야 한다. 여러분이 선택한 재료에 따라 작품의 크기가 (더 크거나 더 작게) 달라질 수 있다는 점을 잊지 말아야 한다.

단수표시링

바늘에 코가 여러 개 걸려 있는 대바늘 뜨개질과는 달리 코바늘 뜨개질에 쓰는 단수표시링은 탈부착이 가능해야 한다. 그래야 코에서 단수표시링을 빼서 다른 코에 낄 수 있다.

고리 형태나 클립처럼 닫을 수 있는 단수표시링을 추천한다. 바늘이나 실과 마찬가지로 단수표시링도 크기가 다양하니 편물에 적당한 크기를 선택하면 된다.

단수표시링으로 시작점을 표시해 두면 단의 수를(혹은 빼뜨기로 마무리한 단의 수를) 쉽게 셀 수 있다.

가위

필자는 어떤 작품을 뜨개질하든 자수용 가위를 옆에 두고 시작한다. '옛날' 재단용 가위도 유용하지만 작은 가위여야 더 편하다. 칼날이 예리해서 정확하게 실을 자를 수 있으므로 안성맞춤이다.

돗바늘과 시침핀

책에 등장하는 거의 모든 작품을 뜰 때 돗바늘이 필요할 것이다. 필자는 스틸 돗바늘을 선호하지만, 굵은 실(여기서는 3cm) 때문에 바늘구멍이 넓어야 한다면 플라스틱 돗바늘을 사용하는 것이 좋다.

편물을 이어붙일 때 편물 조각의 위치를 확인하거나 고정하는 데 유용한 시침핀도 준비해 두자.

속

속을 채울 때는 세탁할 수 있는 항알레르기성 합성섬유를 사용하자. 저렴하고 어느 마트에서든 쉽게 구입할 수 있다.

> **관리하기**
>
> 책 속에 등장하는 모든 작품은 면사로 떴고 합성섬유로 속을 채웠기 때문에 비교적 관리하기가 쉽다. 세탁기에 섬세 세탁코스를 선택하고 30℃ 혹은 찬물에 세탁한다. 세탁망에 넣어서 세탁하면 더욱 안전하다. 다만 세탁기보다 더 강한 힘을 받을 수 있으므로 손빨래는 삼가는 것이 좋다.

기본 뜨개법

사슬뜨기

모든 작품은 사슬뜨기로 시작한다.

사슬뜨기로 사슬 모양(사슬뜨기로 연이어 만든 사슬코)을 만들고 단을 쌓는다(이런 경우 첫 번째 단에서만 계산하고 그 이후부터는 세지 않는다).

올가미처럼 매듭을 만들어 작품을 시작해 보자.

1 먼저 실을 바늘에 한 번 건다.

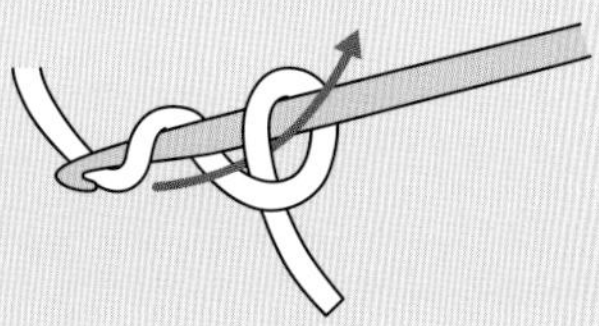

2 고리 안으로 실을 뺀다. 그러면 사슬뜨기 한 코가 완성된다.

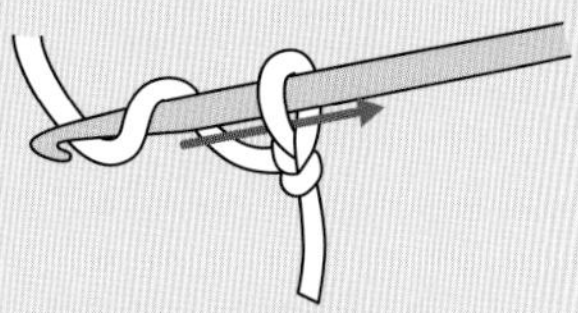

> **실 걸기**
>
> 실을 바늘에 걸 때는 뒤에서 앞으로 바늘을 감싼다. 코에 바늘을 넣기 전이나 후에 실을 바늘에 건다.

짧은뜨기

짧은뜨기는 아미구루미 스타일의 작품에 가장 자주 쓰이는 기법이다. 그 이름처럼 코를 짧게 떠서 편물이 촘촘해지므로 속을 채워도 삐져나오지 않는다.

1 다음 코에 바늘을 넣는다.

2 바늘에 실을 한 번 걸고 고리 안으로 실을 뺀다(바늘에는 두 고리가 걸리게 된다).

3 다시 바늘에 실을 한 번 걸고 두 고리 안으로 실을 뺀다.

빼뜨기

빼뜨기는 높지 않게 단 위에 뜨거나 (빼뜨기로) 단을 마무리할 때 사용한다. 코의 높이가 높지 않다.

1 다음 코에 바늘을 넣는다.

2 바늘에 실을 한 번 걸고 두 고리 안으로 실을 뺀다.

긴뜨기

긴뜨기는 편물이 다소 촘촘해지지만 짧은뜨기보다는 코가 조금 더 '높은' 뜨개법이다.

1 바늘에 실을 한 번 걸고 다음 코(사슬뜨기의 세 번째 코)에 바늘을 넣는다.

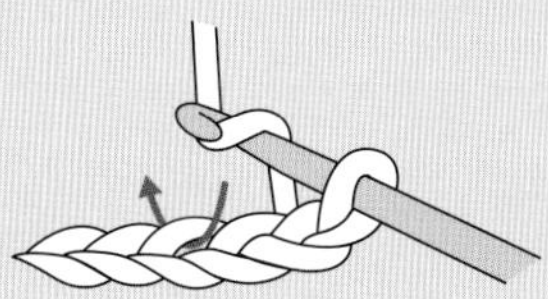

2 바늘에 실을 한 번 걸고 고리 안으로 실을 뺀다. 바늘에는 세 고리가 걸리게 된다.

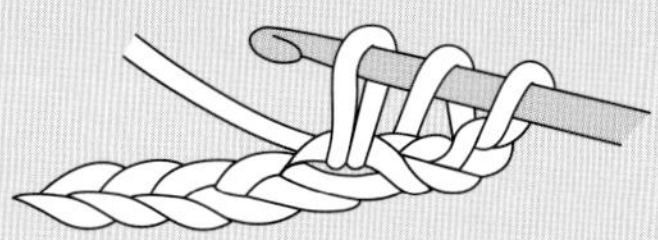

3 바늘에 실을 한 번 걸고 세 고리 안으로 실을 뺀다.

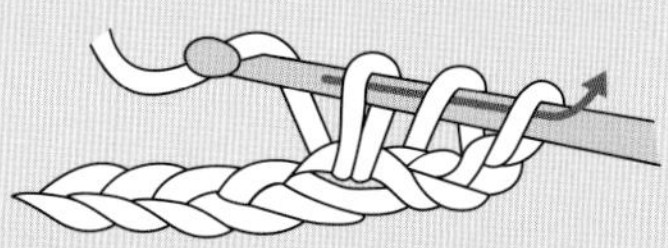

한길긴뜨기

작품을 빨리 완성할 수 있는 뜨개법으로 도톰하고 성긴 편물이 완성된다.

1 바늘에 실을 한 번 걸고 다음 코(사슬뜨기의 네 번째 코)에 바늘을 넣는다.

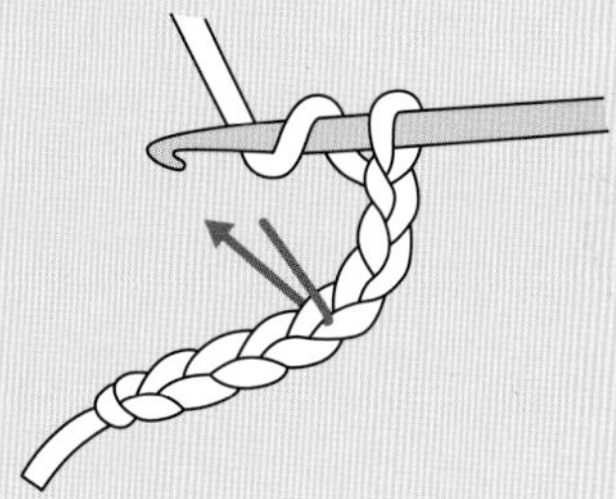

2 바늘에 실을 한 번 걸고 한 고리 안으로 실을 뺀다. 바늘에는 세 고리가 걸리게 된다.

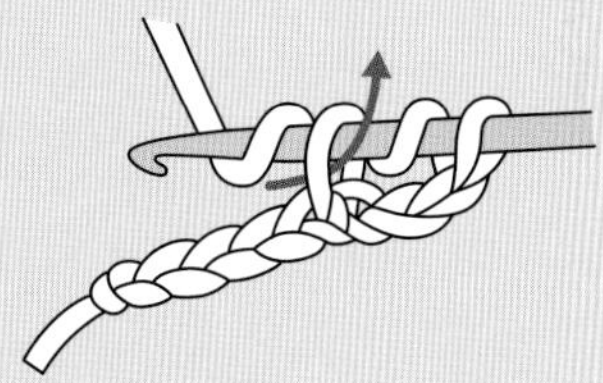

3 바늘에 실을 한 번 걸고 앞에서부터 두 고리 안으로 실을 뺀다. 바늘에는 두 고리가 걸리게 된다.

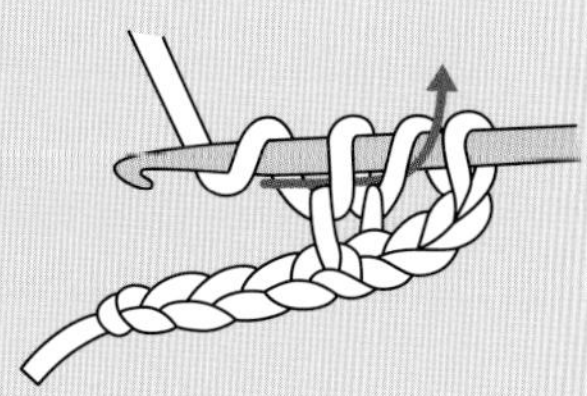

4 마지막으로 바늘에 실을 한 번 걸고 두 고리 안으로 실을 뺀다.

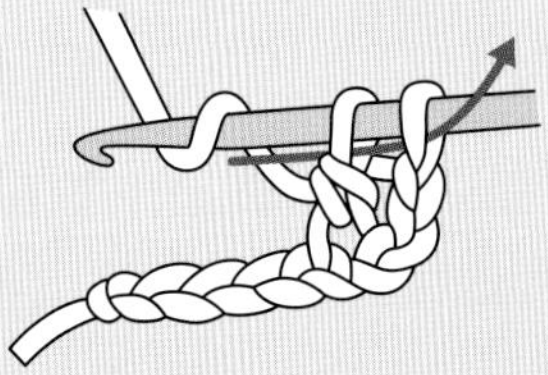

> ### 사슬뜨기 세 코와 한길긴뜨기
>
> 어느 작품에서나 단을 시작할 때 (첫 코를 한길긴뜨기로 시작하면) 사슬뜨기 세 코를 먼저 뜨는 것을 봤을 것이다. 한길긴뜨기로 원형뜨기를 할 때 단이 틀어지지 않으려면 단이 끝날 때 (17쪽에서 살펴볼) 빼뜨기를 해야 한다. 이런 경우에는 빼뜨기를 한 후 '단을 하나 더 만들기' 위해서 한길긴뜨기 높이만큼 사슬뜨기 세 코를 만든다. 긴뜨기는 사슬뜨기 두 코, 두길긴뜨기는 사슬뜨기 네 코가 필요하다.

두길긴뜨기

두길긴뜨기 코는 더 높고 길기 때문에 더욱 성긴 편물이 완성된다.

1 바늘에 실을 두 번 걸고 다음 코(사슬뜨기의 다섯 번째 코)에 바늘을 넣는다.

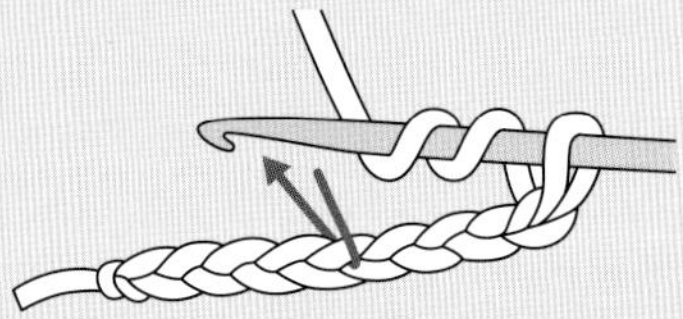

2 바늘에 실을 한 번 걸고 한 고리 안으로 실을 뺀다. 바늘에는 네 고리가 걸리게 된다.

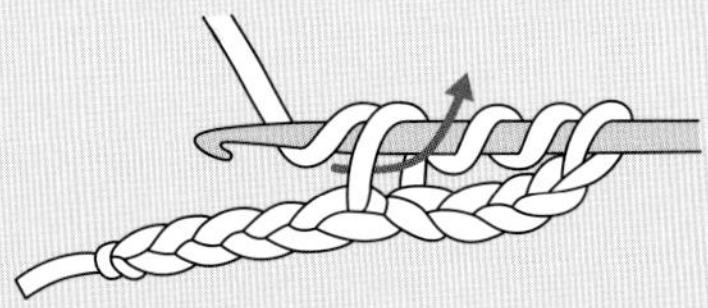

3 바늘에 실을 한 번 걸고 앞에서부터 두 고리 안으로 실을 뺀다. 바늘에는 세 고리가 걸리게 된다.

4 바늘에 실을 한 번 걸고 다시 앞에서부터 두 고리 안으로 실을 뺀다. 바늘에는 두 고리가 걸리게 된다.

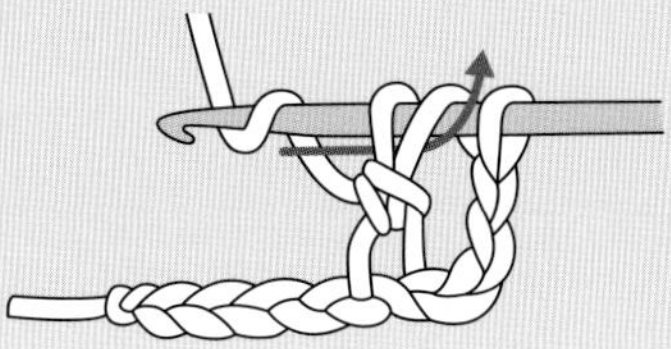

5 바늘에 실을 한 번 걸고 두 고리 안으로 실을 뺀다.

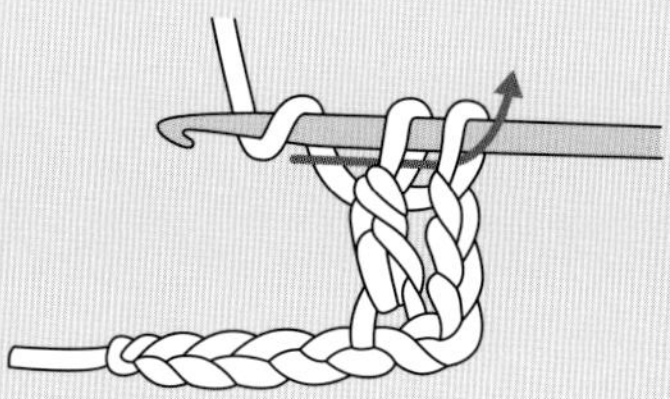

특별한 뜨개법

팝콘뜨기

팝콘뜨기는 한 코에 한길긴뜨기를 여러 번 뜬 다음 하나로 여미는 방법이다. 따라서 늘려뜨기를 할 수 없고, 공 형태의 코가 (입체적으로) 완성된다.

책에 등장하는 팝콘뜨기는 한길긴뜨기 세 코로 완성했다(56쪽 옥수수 참조).

1 바늘에 실을 한 번 걸고 같은 코에 한길긴뜨기 한 코를 떠서 시작한다. 바늘에 고리 하나가 남을 때까지 뜬다.

2 같은 코에 똑같이 다섯 번 뜬다.

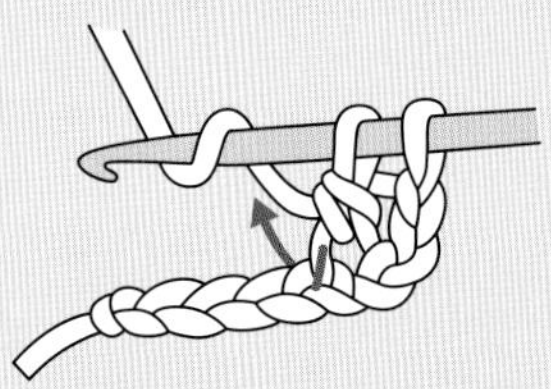

3 바늘에 고리가 6개 있을 때 바늘에 실을 한 번 걸고 6개 고리 안으로 실을 한 번에 빼면 입체적인 팝콘 모양이 만들어진다.

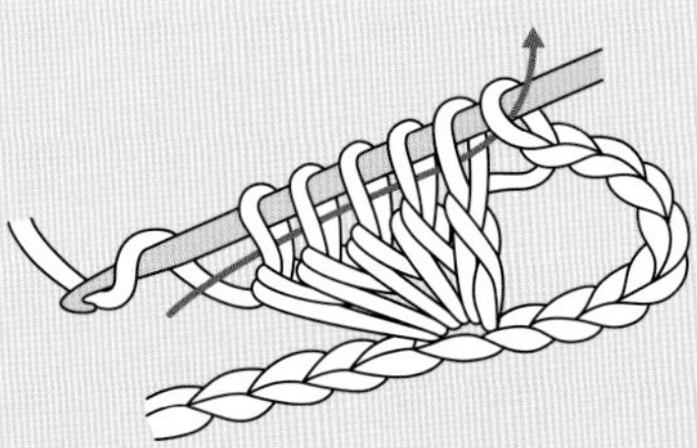

참고

팝콘뜨기가 완성되면 팝콘 모양들을 바깥쪽(작품 겉면)으로 가볍게 밀어서 모양을 만들어 준다.

와플뜨기

와플뜨기는 한길긴뜨기와 한길긴뜨기 걸어뜨기, 즉 '앞걸어뜨기'를 반복해서 완성한다. 무늬가 편물의 겉면과 안면에 번갈아 나타난다(116쪽 와플 참조).

한길긴뜨기 앞걸어뜨기

한길긴뜨기 앞걸어뜨기는 먼저 (한길긴뜨기처럼) 바늘에 실을 한 번 걸고 앞 단의 한길긴뜨기 코 아래로 오른쪽에서 왼쪽 방향으로 바늘을 넣은 후 다시 한번 바늘에 실을 한 번 걸고 한길긴뜨기를 떠서 완성한다.

기본 기법

코바늘 뜨개질을 할 때는 평평한 작품이든 입체적인 작품이든 언제나 오른손잡이는 오른쪽에서 왼쪽으로, 왼손잡이는 왼쪽에서 오른쪽으로 진행해야 한다.

단을 시작할 때 바늘에 여러 고리가 걸려 있어서는 안 된다. 시작점과 끝난 지점에는 항상 바늘에 고리가 한 개만 남아야 한다.

사슬코

사슬뜨기를 여러 번 뜨면 사슬코가 완성되는데, 이 사슬코에서 모든 작품이 시작된다. 원형뜨기도 사슬코로 시작하는데 이런 경우 (다음에 살펴볼 매직링과는 달리) 가운데 작은 구멍이 생긴다. 사슬뜨기는 올가미 매듭에서 시작한다.

매직링

원형뜨기는 모두 매직링에서 출발한다. 고리를 조이면 시작 부분이 보이지 않기 때문에 깔끔하다. 고리를 잘 조이면 속을 채워도 삐져나오지 않는다.

1 매듭을 만드는 것처럼 고리 형태를 만든다. 실을 느슨하게 잡아 매듭이 생기지 않도록 한다.

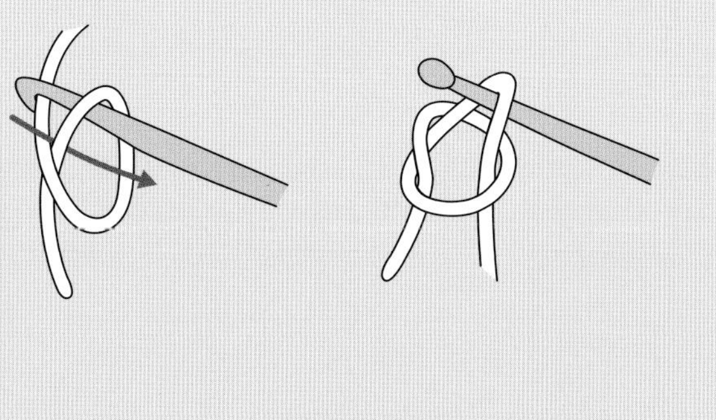

2 고리 안으로 바늘을 넣고 실을 한 번 걸어 고리 가장자리에 매듭을 만든다.

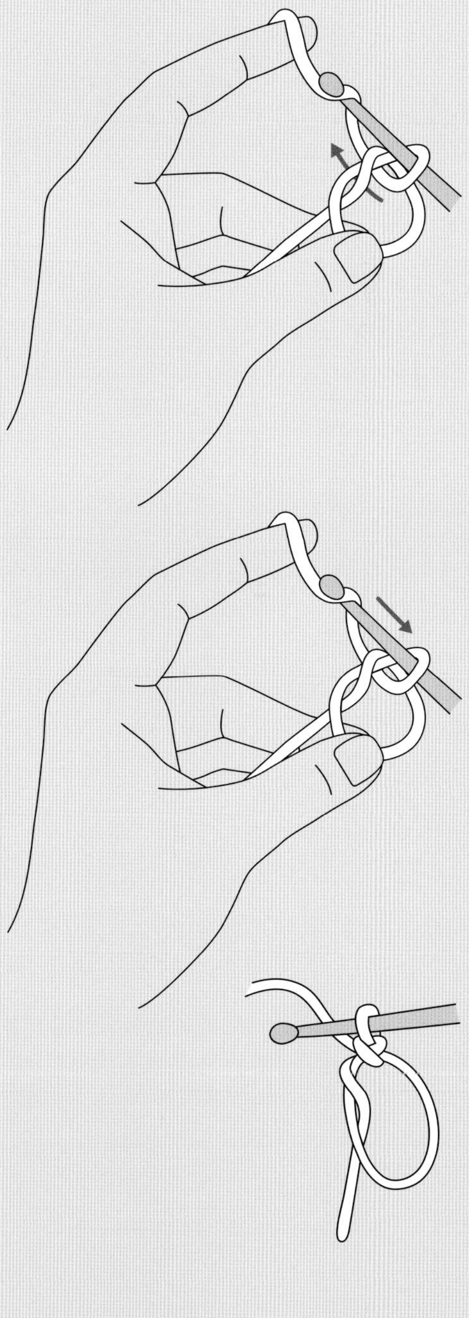

3 실 끝부분과 고리를 엄지와 중지로 잡는다. 고리 안으로 바늘을 넣고 고리를 따라 필요한 만큼 짧은뜨기를 한다.

4 짧은 실(실 끝부분)을 잡아당겨 고리 전체를 원형으로 만든다.

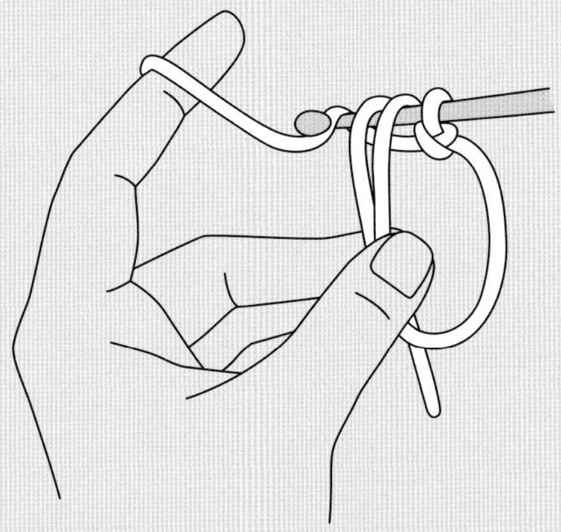

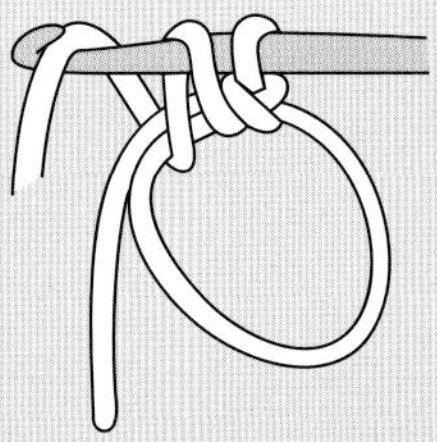

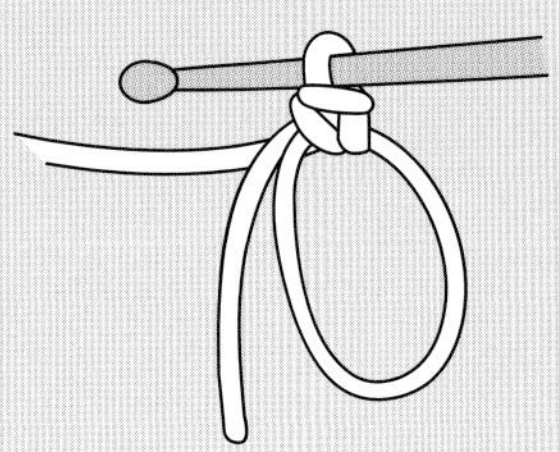

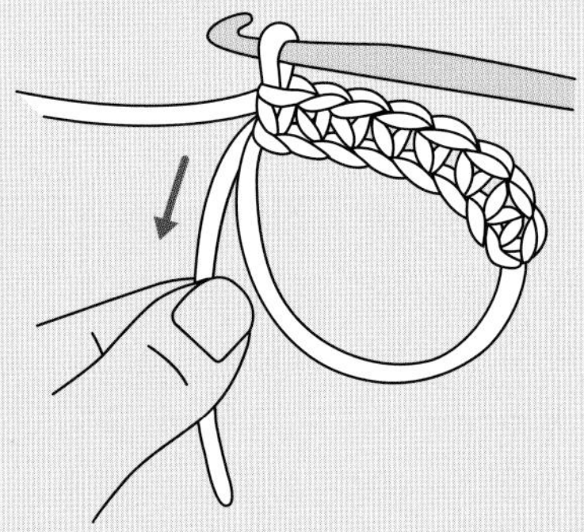

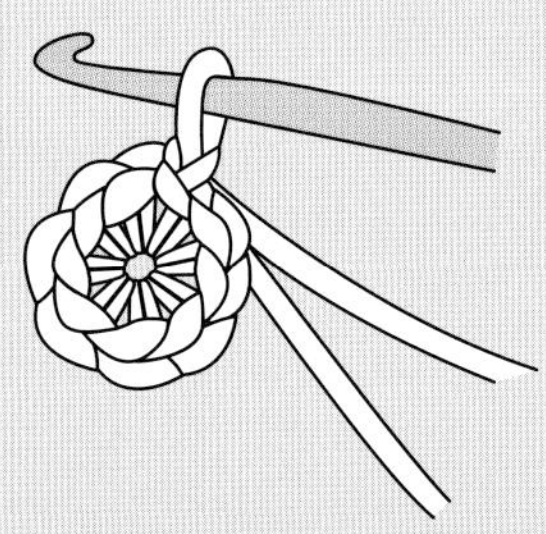

주의

매직링의 실 두 가닥이 겹치는 부분에 짧은뜨기를 떠야 원형으로 조일 수 있다.

나선형 원형뜨기와 빼뜨기를 이용한 원형뜨기

원형뜨기를 할 때 나선형으로 이어 뜨거나 빼뜨기로 단을 마무리하는 방법이 있다. 나선형 원형뜨기는 단이 끝날 때 빼뜨기를 하지 않고 같은 뜨개법으로 연이어 뜬다. 그래서 단의 시작과 끝이 구분되지 않는다. 따라서 단수표시링을 끼워두면 코를 찾기가 쉽다. 책 속에 등장하는 작품들은 별도의 설명이 없는 경우에는 모두 이 방법으로 완성했다.

빼뜨기를 이용한 원형뜨기는 빼뜨기로 단을 마무리하는 방법이다. 다음 단을 시작할 때는 사슬뜨기 한 코를 (혹은 작품에 따라 여러 코를) 먼저 뜬다.

왕복뜨기

왕복뜨기는 편물을 왕복으로 뜨는 방법으로, 단이 끝날 때마다 편물을 돌린다.

왕복뜨기를 할 때 실을 다른 색으로 바꿔 새로운 단을 시작한다면(51, 75쪽 참조), (짧은뜨기로) 단이 끝날 때 사슬뜨기로 기둥코 한 코를 떠야 한다. 기둥코는 콧수로 셈하지 않는다. 긴뜨기나 한길긴뜨기, 두길긴뜨기로 뜰 경우 각각 두 코, 세 코, 네 코의 기둥코가 필요하다.

사슬코로 타원형뜨기

타원형이나 사각형 등 긴 형태로 작품을 완성하고 싶다면 사슬코로 시작할 수 있다. 끝부분에 늘려뜨기를 해서 모서리를 만드는 것이다.

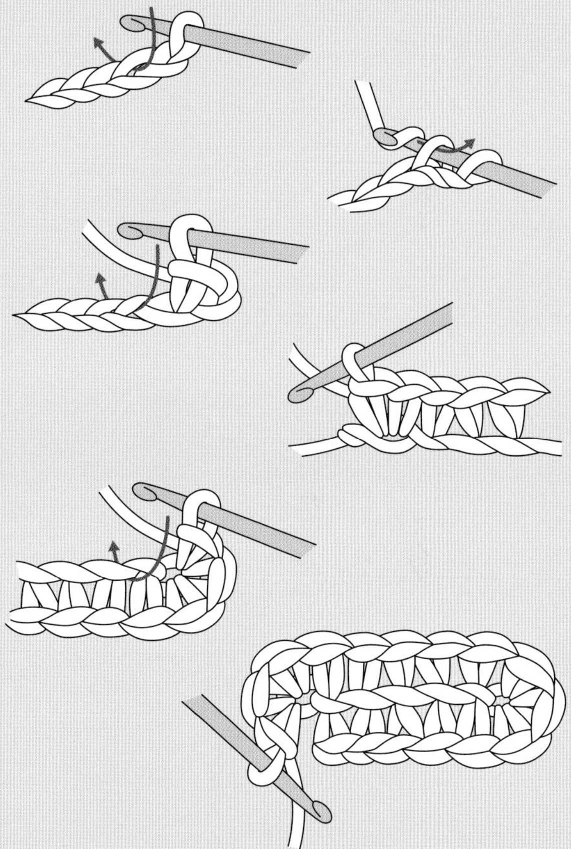

주의

바늘에서부터 1단의 두 번째 사슬코에 바늘을 넣어야 한다.

늘려뜨기

늘려뜨기는 앞 단의 같은 코에 두 번 코를 떠서 단의 콧수를 늘리는 것이다. 짧은뜨기, 긴뜨기, 한길긴뜨기, 두길긴뜨기로 늘려뜨기를 할 수 있다.

모아뜨기

모아뜨기는 앞 단의 두 코에 한 번 코를 떠서 콧수를 줄이는 것이다. 늘려뜨기와 마찬가지로 짧은뜨기, 긴뜨기, 한길긴뜨기, 두길긴뜨기로 모아뜨기를 할 수 있다.

모아뜨기를 한 부분을 보이지 않게 하려면 앞 단의 두 코에서 앞쪽 반코에만 바늘을 넣어야 한다.

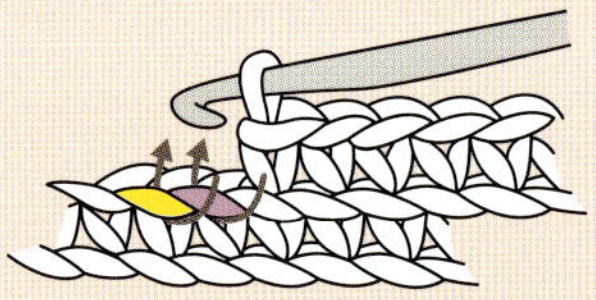

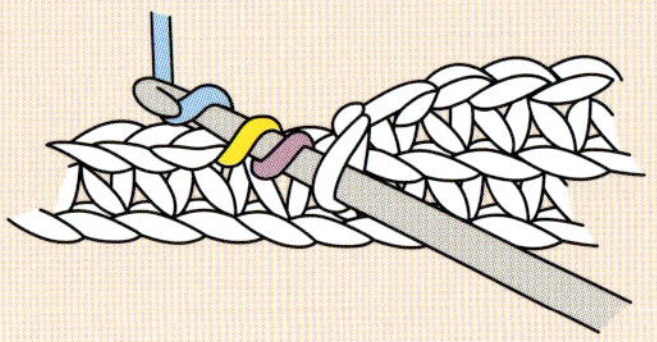

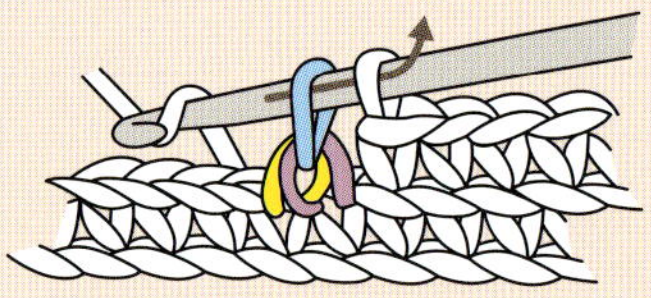

실 바꾸기

다른 색 실로 바꿀 경우, 이전 코에서부터 새로운 실로 시작해야 하기 때문에 미리 준비해야 한다. 짧은뜨기로 예를 들어 보면 코를 시작할 때는 기존 실로 뜨고 바늘에 마지막으로 실을 걸 때 새로운 실로 시작해야 다음 코에서부터 실의 색이 바뀐다.

앞쪽 혹은 뒤쪽 반코

안코 혹은 바깥코로도 불린다.

코는 위에서 보면 'V' 형태를 하고 있다. 앞쪽 반코는 V 형태에서 나에게 가까운 쪽이고 뒤쪽 반코는 멀리 있는 쪽의 코다.

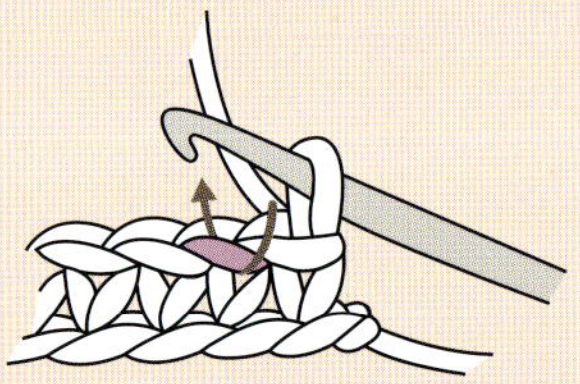

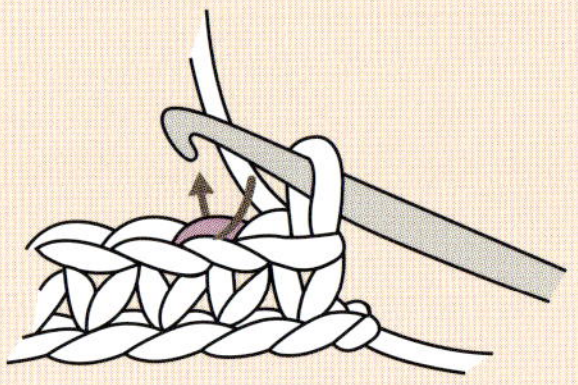

마무리

앞쪽 반코 줍기

어떤 경우(75쪽 참조)에는 앞쪽 반코에 다시 뜨개질을 하게 된다. 해당 단에서 뒤쪽 반코에만 이미 뜨개질을 마쳤다는 의미다. 뜨지 않은 코들(코들을 살펴보면 다른 부분을 쉽게 찾을 수 있다) 중 한 코에 바늘을 넣어 다시 실을 가져와 뜨면 된다. 그런 후 설명대로 계속 뜨개질한다.

실 잘라 정리하기

작품을 완성하고 실을 정리하려면 마지막에 빼뜨기를 한 후 실을 자르면 된다. 꿰매야 한다면 이때 실을 넉넉하게 남겨두고 잘라야 한다. 돗바늘로 실을 앞 단의 뒤쪽 반코에 집어넣으면 실 끝이 완벽하게 사라진다.
이미 작품에 속을 채웠다면 편물 반대편으로 실을 통과시키고 자른다. 실을 놓으면 안쪽으로 들어가게 된다.

속 채우기

둥근 형태의 작품일 경우에는 편물을 떠가면서 속을 채워야 한다. 설명을 잘 읽으면서 따라가자. 모아뜨기로 끝난 작품은 마지막에 구멍이 너무 작아서 속을 채우기가 어렵다. 마지막에 연결하는 작품들의 경우에도 바느질을 완성해 가면서 속을 채워야 한다.
기호에 따라 속을 단단하게 혹은 푹신하게 채울 수 있다. 하지만 변형될 정도로 속을 많이 넣어서는 안 된다.

연결하기

편물 조각을 연결하려면 지정된 색으로(그래야 보통 바느질 선이 보이지 않는다) 편물의 가장자리를 (필요한 경우 시침핀으로) 표시해 두면 좋다. 편물 조각 가장자리의 앞쪽 반코와 다른 조각 가장자리의 뒤쪽 반코를 돗바늘로 꿰맨다.

작품 튜토리얼

작품마다 난이도를 표시했다.

★ = 초급
★★ = 중급
★★★ = 고급

초보자는 간단한 작품을 골라 완성해 보자.
작품의 크기도 기재했지만 사용하는 실이나 바늘에 따라서 달라질 수 있다(8쪽 참조).

만드는 법 예시

2단 : *늘려뜨기 1번*×6번(총 12코)

앞 단의 6코에 각각 짧은뜨기로 늘려뜨기를 하라는 의미다. 그러면 총 12코가 완성된다.

10단 : 짧은뜨기 3코, 늘려뜨기 3번, 짧은뜨기 16코, 늘려뜨기 1번, 짧은뜨기 2코, 늘려뜨기 1번, 짧은뜨기 18코(총 49코)

짧은뜨기 3코를 뜨고, 짧은뜨기로 3번(짧은뜨기 3코에 각각 짧은뜨기 2코씩) 늘려 뜬 후 짧은뜨기 16코를 뜬다. 짧은뜨기로 늘려뜨기를 1번 한 후 짧은뜨기 2코를 뜨고 다시 한번 늘려 뜨고 이어서 짧은뜨기 18코를 뜬다. 그러면 총 49코가 완성된다.

기호 표시

… × N번	* 사이의 뜨개법을 N번 반복
단 끝에 (총 N코)	해당 단의 총 콧수

과일

포도송이

난이도 : ★★

크기 : 12cm

실

오르키데아 45호
1타래

옴브르 39호
1타래

트로픽 브라운 22호
1타래

페스토 989호
1타래

포도알

오르키데아 색 실로 (다른 포도알은 옴브르 색 실로 뜨는 것도 좋은 방법이다) 원형뜨기 하여 완성한다.

> 주의
>
> 포도 한 알을 뜰 때마다 실의 길이를 넉넉하게 남긴다. 남은 실로 줄기에 꿰맨다.

포도알 1 (×7)

1단 : 매직링에 짧은뜨기 6코(총 6코)

2단 : *늘려뜨기 1번*×6번(총 12코)

3단 : 짧은뜨기 12코(총 12코)

포도알 속을 꽉 채운다.

4단 : *모아뜨기 1번*×6번(총 6코)

- 빼뜨기 1코로 마무리하고 코 사이로 실을 통과시켜 뺀 후 자른다. 남은 6코는 바느질로 꿰매 여민다.
- 같은 방법으로 포도알 6개를 더 만든다.

포도알 2 (×5)

1단 : 매직링에 짧은뜨기 6코(총 6코)

2단 : *늘려뜨기 1번*×6번(총 12코)

3~4단 : 짧은뜨기 12코(총 12코)

포도알 속을 꽉 채운다.

5단 : *모아뜨기 1번*×6번(총 6코)

- 빼뜨기 1코로 마무리하고 코 사이로 실을 통과시켜 뺀 후 자른다. 남은 6코는 바느질로 꿰매 여민다.
- 같은 방법으로 포도알 4개를 더 만든다.

포도알 3 (×5)

1단 : 매직링에 짧은뜨기 6코(총 6코)

2단 : *늘려뜨기 1번*×6번(총 12코)

3단 : *짧은뜨기 3코, 늘려뜨기 1번*×3번(총 15코)

4~6단 : 짧은뜨기 15코(총 15코)

7단 : *짧은뜨기 3코, 모아뜨기 1번*×3번(총 12코)

8단 : 짧은뜨기 12코(총 12코)

포도알 속을 꽉 채운다.

9단 : *모아뜨기 1번*×6번(총 6코)

- 빼뜨기 1코로 마무리하고 코 사이로 실을 통과시켜 뺀 후 자른다. 남은 6코는 바느질로 꿰매 여민다.
- 같은 방법으로 포도알 4개를 더 만든다.

포도알 4 (×10)

1단 : 매직링에 짧은뜨기 6코(총 6코)

2단 : *늘려뜨기 1번*×6번(총 12코)

3단 : *짧은뜨기 3코, 늘려뜨기 1번*×3번(총 15코)

4~5단 : 짧은뜨기 15코(총 15코)

6단 : *짧은뜨기 3코, 모아뜨기 1번*×3번(총 12코)

포도알 속을 꽉 채운다.

7단 : *모아뜨기 1번*×6번(총 6코)

- 빼뜨기 1코로 마무리하고 코 사이로 실을 통과시켜 뺀 후 자른다. 남은 6코는 바느질로 꿰매 여민다.
- 같은 방법으로 포도알 9개를 더 만든다.

포도잎

페스토 색 실을 사용한다. 잎은 한 단을 먼저 뜨고 왕복뜨기로 완성한다. (편물을 돌리기 전 사슬뜨기 1코를 포함해) 사슬뜨기 15코로 시작한다.

1단(자주색) : 두 번째 사슬코에 바늘을 넣고 짧은뜨기 14코, 사슬뜨기 3코, 사슬코 반대편에 짧은뜨기 12코, 사슬뜨기 1코 후 편물 돌리기(총 29코)

2단(회색) : 짧은뜨기 12코, 늘려뜨기 1번(1단의 사슬뜨기 3코 구멍에 바늘을 넣어 짧은뜨기 2코), 사슬뜨기 3코, 늘려뜨기 1번(사슬뜨기 구멍에 짧은뜨기 2코), 짧은뜨기 12코, 사슬뜨기 1코 후 편물 돌리기(총 31코)

3단(검은색) : 짧은뜨기 13코, 늘려뜨기 1번(사슬뜨기 구멍에 짧은뜨기 2코), 사슬뜨기 3코, 늘려뜨기 1번(사슬뜨기 구멍에 짧은뜨기 2코), 짧은뜨기 9코, 사슬뜨기 1코 후 편물 돌리기(총 29코)

4단(연보라색) : 짧은뜨기 10코, 늘려뜨기 1번(사슬뜨기 구멍에 짧은뜨기 2코), 사슬뜨기 3코, 늘려뜨기 1번(사슬뜨기 구멍에 짧은뜨기 2코), 짧은뜨기 10코(총 27코)

- 코 사이로 실을 통과시켜 뺀 후 자른다.
- 같은 방법으로 잎을 2개 더 뜬 후 안면에서 빼뜨기로 연결한다.

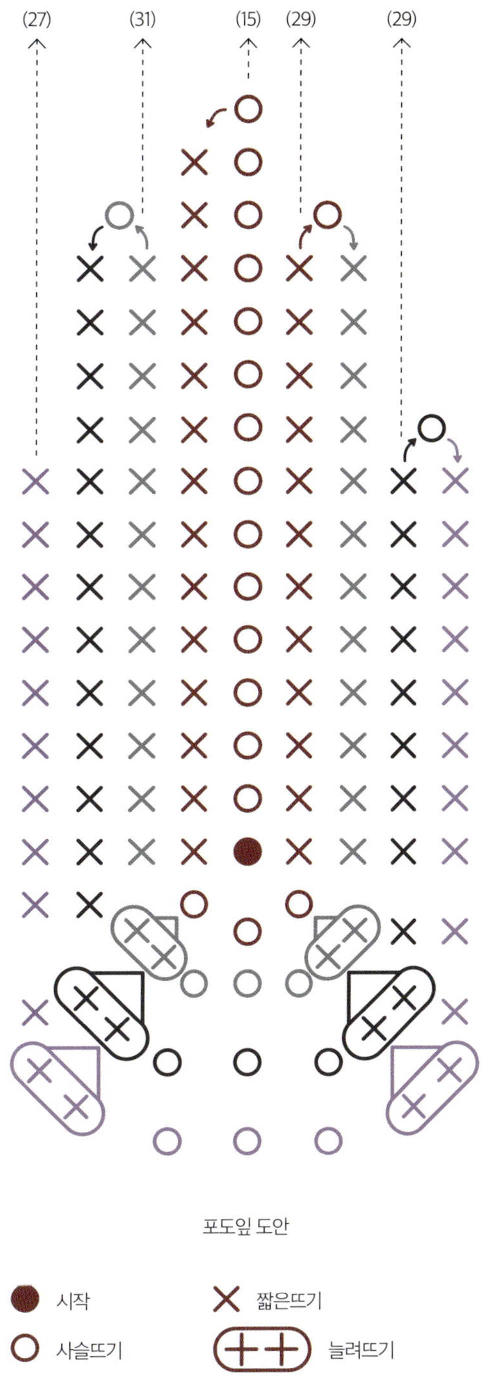

포도잎 도안

- 줄기에 잎 아랫부분을 깔끔하게 연결하려면 뜨개질 방향을 고려해 겉면을 바닥에 두고 바느질한다.

단 : 짧은뜨기 5코, (잎 아래 단의 구멍 3개에) 빼뜨기 3코, 짧은뜨기 5코(총 13코)

- 코 사이로 실을 통과시켜 뺀 후 자른다. 줄기에 꿰맬 수 있도록 잎 바닥에 있는 두 가닥 실을 제외한 모든 실은 집어넣는다.

변화 주기

잎에 입체감을 주고 잎맥을 표현하려면 뒤쪽 반코에만 뜨개질을 해야 한다.

포도 줄기와 잔가지

줄기와 잔가지는 연이어 한 번에 뜬다. 줄기는 트로픽 브라운 색 실로 먼저 사슬뜨기 7코를 뜨고 시작한다. ① 사슬뜨기 10코, 돌아서 사슬뜨기 10코 위에 빼뜨기 9코를 뜨고 첫 번째 잔가지를 만든다. 사슬뜨기 3코를 뜬 후, ② 사슬뜨기 8코, 돌아서 사슬뜨기 8코 위에 빼뜨기 7코를 뜨고 두 번째 잔가지를 만든다. 사슬뜨기 3코를 뜬 후, ③ 사슬뜨기 6코, 돌아서 사슬뜨기 6코 위에 빼뜨기 5코를 떠서 세 번째 잔가지를 만든다. ④ 사슬뜨기 6코, 돌아서 사슬뜨기 6코 위에 빼뜨기 5코로 네 번째 잔가지를 만든다. 빼뜨기 3코를 뜬 후, ⑤ 사슬뜨기 8코를 뜨고 돌아서 사슬뜨기 8코 위에 빼뜨기 7코를 떠서 다섯 번째 잔가지를 만든다. 빼뜨기 3코를 뜬 후, ⑥ 사슬뜨기 10코, 돌아서 사슬뜨기 10코 위에 빼뜨기 9코를 떠서 여섯 번째 잔가지를 만든 후 (줄기 시작점에) 빼뜨기 7코를 떠서 마무리한다.

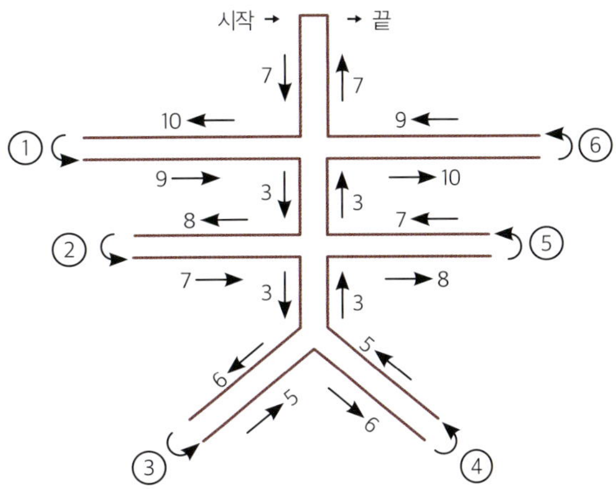

- 시작과 끝부분의 실을 묶어 두 번 매듭을 짓고 줄기 뒤로 실을 정리한다. 원하는 대로 다양한 크기의 포도알을 배치하고 줄기에 꿰매 귀여운 포도송이를 완성한다. 실을 자른 후 편물 안으로 넣어 정리한다.

무화과

난이도 : ★
크기 : 무화과 전체 7cm(지름 4cm),
무화과 반쪽 7×4cm

실

오르키데아 45호
1타래

아이보리 02호
1타래

옴브르 39호
1타래

부르고뉴 34호
1타래

페스토 989호
1타래

라이트 그린 12호
1타래

무화과 전체

페스토 색 실로 원형뜨기 하여 완성한다.

1단 : 매직링에 짧은뜨기 4코(총 4코)

2단 : 짧은뜨기 4코(총 4코)

옴브르 색 실로 이어서 뜬다.

3단 : *짧은뜨기 1코, 늘려뜨기 1번*×2번(총 6코)

4단 : *늘려뜨기 1번*×6번(총 12코)

오르키데아 색 실로 이어서 뜬다.

5단 : 짧은뜨기 12코(총 12코)

6단 : *짧은뜨기 1코, 늘려뜨기 1번*×6번(총 18코)

7~8단 : 짧은뜨기 18코(총 18코)

9단 : *짧은뜨기 2코, 늘려뜨기 1번*×6번(총 24코)

10~12단 : 짧은뜨기 24코(총 24코)

13단 : *짧은뜨기 3코, 늘려뜨기 1번*×6번(총 30코)

속을 채우기 시작한다.

14~17단 : 짧은뜨기 30코[4단](총 30코)

18단 : *짧은뜨기 3코, 모아뜨기 1번*×6번(총 24코)

19단 : *짧은뜨기 2코, 모아뜨기 1번*×6번(총 18코)

20단 : *짧은뜨기 1코, 모아뜨기 1번*×6번(총 12코)

속을 꽉 채운다.

21단 : *모아뜨기 1번*×6번(총 6코)

- 빼뜨기 1코로 마무리하고 코 사이로 실을 통과시켜 뺀 후 자른다. 남은 6코는 바느질로 꿰매고 남은 실은 안으로 넣어 정리한다.

변화 주기

무화과 전체를 오르키데아 색에서 옴브르 색으로 바꾸면 더욱 다채로워진다.

무화과 반쪽

잘린 무화과는 원형뜨기와 왕복뜨기로 완성한다.

과육 (×2)

부르고뉴 색 실로 뜬다.

1단 : 매직링에 짧은뜨기 5코(총 5코)

2단 : *늘려뜨기 1번*×5번(총 10코)

3단 : *늘려뜨기 1번*×10번(총 20코)

4단 : *짧은뜨기 1코, 늘려뜨기 1번*×10번(총 30코)

5단부터는 앞 단의 일부에만 왕복뜨기로 뜬다.

5단 : 짧은뜨기 9코, 사슬뜨기 1코 후 돌리기(총 9코)

6단 : 짧은뜨기 7코, 사슬뜨기 1코 후 돌리기(총 7코)

7단 : 모아뜨기 1번, 짧은뜨기 3코, 모아뜨기 1번, 사슬뜨기 1코 후 돌리기(총 5코)

8단 : 모아뜨기 1번, 짧은뜨기 1코, 모아뜨기 1번, 사슬뜨기 1코 후 돌리기(총 3코)

9단 : 짧은뜨기 3코, 사슬뜨기 1코 후 돌리기(총 3코)

10단 : 모아뜨기 1번, 짧은뜨기 1코, 사슬뜨기 1코 후 돌리기 (총 2코)

11단 : 모아뜨기 1번, 사슬뜨기 1코 후 돌리기(총 1코)

라이트 그린 색 실로 원형으로 뜬다.

12단 : 짧은뜨기 40코(테두리 전체를 뜨개질한다)(총 40코)

- 빼뜨기 1코로 마무리하고 코 사이로 실을 통과시켜 뺀 후 자른다. 부르고뉴 색 실로 뜬 과육 위에 아이보리 색 실로 씨를 장식한다.
- 남은 반쪽도 같은 방법으로 완성한다.

껍질 (×2)

오르키데아 색 실로 뜬다.

1단 : 매직링에 짧은뜨기 6코(총 6코)

2단 : *늘려뜨기 1번*×6번(총 12코)

3단 : *짧은뜨기 1코, 늘려뜨기 1번*×6번(총 18코)

4단 : *짧은뜨기 2코, 늘려뜨기 1번*×6번(총 24코)

5단 : *짧은뜨기 3코, 늘려뜨기 1번*×6번(총 30코)

6~7단 : 짧은뜨기 30코(총 30코)

8단부터는 앞 단의 일부에만 왕복뜨기로 뜬다.

8단 : 짧은뜨기 9코, 사슬뜨기 1코 후 돌리기(총 9코)

9단 : 짧은뜨기 7코, 사슬뜨기 1코 후 돌리기(총 7코)

10단 : 모아뜨기 1번, 짧은뜨기 3코, 모아뜨기 1번, 사슬뜨기 1코 후 돌리기(총 5코)

11단 : 모아뜨기 1번, 짧은뜨기 1코, 모아뜨기 1번, 사슬뜨기 1코 후 돌리기(총 3코)

12단 : 짧은뜨기 3코, 사슬뜨기 1코 후 돌리기(총 3코)

13단 : 모아뜨기 1번, 짧은뜨기 1코, 사슬뜨기 1코 후 돌리기 (총 2코)

14단 : 모아뜨기 1번, 사슬뜨기 1코 후 돌리기(총 1코)

다시 원형으로 뜬다.

15단 : 짧은뜨기 40코(테두리 전체를 뜨개질한다)(총 40코)

- 빼뜨기 1코로 마무리하고 코 사이로 실을 통과시켜 뺀 후 자른다. 껍질과 과육을 꿰맬 수 있도록 실을 충분히 남긴다.
- 남은 반쪽도 같은 방법으로 완성한다.
- 돗바늘로 껍질과 과육을 꿰맨다. 바느질하면서 속을 채운다.
- 무화과 꼭지에 매듭을 지어 볼록한 부분의 모양을 잡아준다.

100% Coton
100%Cotton
100% Algodón
100% Algodão
100% Cotone
100% Baumwolle
100% Coton
100%Cotton
100% Algodón
100% Algodão
100% Cotone
100% Baumwolle
100% Coton
100%Cotton
100% Algodón
100% Algodão
100% Cotone
100% Baumwolle
100% Coton
100%Cotton
100% Algodón
100% Algodão
100% Cotone
100% Baumwolle

수박 조각

난이도 : ★

크기 : 19×8.5cm

실

색상	번호	분량
코랄	18호	1타래
로벨리아	82호	1타래
라이트 그린	12호	1타래
그린 밸리	14호	1타래
누아르	11호	1타래

수박 과육

수박 과육은 코랄 색 실로 원형뜨기 하여 완성한다.

1단 : 매직링에 짧은뜨기 5코(총 5코)

2단 : *늘려뜨기 1번*×5번(총 10코)

3단 : *늘려뜨기 1번*×10번(총 20코)

4단 : *짧은뜨기 1코, 늘려뜨기 1번*×10번(총 30코)

5단 : *짧은뜨기 4코, 늘려뜨기 1번*×6번(총 36코)

6단 : *짧은뜨기 5코, 늘려뜨기 1번*×6번(총 42코)

7단 : *짧은뜨기 6코, 늘려뜨기 1번*×6번(총 48코)

8단 : *짧은뜨기 7코, 늘려뜨기 1번*×6번(총 54코)

9단 : *짧은뜨기 8코, 늘려뜨기 1번*×6번(총 60코)

10단 : *짧은뜨기 9코, 늘려뜨기 1번*×6번(총 66코)

11단 : *짧은뜨기 10코, 늘려뜨기 1번*×6번(총 72코)

12단 : *짧은뜨기 11코, 늘려뜨기 1번*×6번(총 78코)

13단 : *짧은뜨기 12코, 늘려뜨기 1번*×6번(총 84코)

14단 : *짧은뜨기 13코, 늘려뜨기 1번*×6번(총 90코)

15단 : *짧은뜨기 14코, 늘려뜨기 1번*×6번(총 96코)

16단 : *짧은뜨기 15코, 늘려뜨기 1번*×6번(총 102코)

17단 : *짧은뜨기 16코, 늘려뜨기 1번*×6번(총 108코)

18단 : *짧은뜨기 17코, 늘려뜨기 1번*×6번(총 114코)

로벨리아 색 실로 이어서 뜬다.

19단 : *짧은뜨기 18코, 늘려뜨기 1번*×6번(총 120코)

라이트 그린 색 실로 이어서 뜬다.

20단 : *짧은뜨기 19코, 늘려뜨기 1번*×6번(총 126코)

21단 : *짧은뜨기 20코, 늘려뜨기 1번*×6번(총 132코)

그린 밸리 색 실로 이어서 뜬다.

22단 : *짧은뜨기 21코, 늘려뜨기 1번*×6번(총 138코)

- 빼뜨기 1코로 마무리하고 코 사이로 실을 통과시켜 뺀 후 자른다. 실을 너무 짧게 자르지 않는다.

주의

과육의 지름보다 두 배 정도 길게 실을 남긴다.

수박 껍질

그린 밸리 색 실로 왕복뜨기 하여 완성한다. (편물을 돌리기 전 사슬뜨기 1코를 포함해) 사슬뜨기 3코로 시작한다.

1단 : 두 번째 코에 바늘을 넣고 짧은뜨기 1코, 늘려뜨기 1번, 사슬뜨기 1코 후 돌리기(총 3코)

2단 : 짧은뜨기 2코, 늘려뜨기 1번, 사슬뜨기 1코 후 돌리기(총 4코)

3단 : 짧은뜨기 3코, 늘려뜨기 1번, 사슬뜨기 1코 후 돌리기(총 5코)

4단 : 짧은뜨기 4코, 늘려뜨기 1번, 사슬뜨기 1코 후 돌리기(총 6코)

5단 : 짧은뜨기 5코, 늘려뜨기 1번, 사슬뜨기 1코 후 돌리기(총 7코)

6단 : 짧은뜨기 6코, 늘려뜨기 1번, 사슬뜨기 1코 후 돌리기(총 8코)

7단 : 짧은뜨기 7코, 늘려뜨기 1번, 사슬뜨기 1코 후 돌리기(총 9코)

8단 : 짧은뜨기 8코, 늘려뜨기 1번, 사슬뜨기 1코 후 돌리기(총 10코)

9~58단 : 짧은뜨기 10코, 사슬뜨기 1코 후 돌리기[50단](총 10코)

59단 : 모아뜨기 1번, 짧은뜨기 8코, 사슬뜨기 1코 후 돌리기(총 9코)

60단 : 모아뜨기 1번, 짧은뜨기 7코, 사슬뜨기 1코 후 돌리기(총 8코)

61단 : 모아뜨기 1번, 짧은뜨기 6코, 사슬뜨기 1코 후 돌리기(총 7코)

62단 : 모아뜨기 1번, 짧은뜨기 5코, 사슬뜨기 1코 후 돌리기 (총 6코)

63단 : 모아뜨기 1번, 짧은뜨기 4코, 사슬뜨기 1코 후 돌리기 (총 5코)

64단 : 모아뜨기 1번, 짧은뜨기 3코, 사슬뜨기 1코 후 돌리기 (총 4코)

65단 : 모아뜨기 1번, 짧은뜨기 2코, 사슬뜨기 1코 후 돌리기 (총 3코)

66단 : 모아뜨기 1번, 짧은뜨기 1코, 사슬뜨기 1코 후 돌리기 (총 2코)

67단 : 모아뜨기 1번(총 1코)

- 코 사이로 실을 통과시켜 뺀 후 자른다. 남은 실은 안으로 넣어 정리한다.
- 과육 부분을 반으로 접고 누아르 색 실 두 겹으로 수박씨를 장식한다.
- 과육의 그린 밸리 색 실로 껍질 부분을 꿰맨다. 꿰매면서 속을 채운다. 실을 안으로 넣어 정리한다.

파파야

난이도 : ★★

크기 : 11×8cm

실

사프란 47호 1타래	익소라 104호 1타래
지로플리 85호 1타래	뱀부 76호 1타래
누아르 11호 1타래	

파파야 과육 (×2)

지로플리 색 실로 사슬코에서 타원형으로 떠서 완성한다. (편물을 돌리기 전 사슬뜨기 1코를 포함해) 사슬뜨기 14코로 시작한다.

1단 : 두 번째 사슬코에 바늘을 넣고 짧은뜨기 4코, 긴뜨기 5코, 짧은뜨기 3코, 늘려뜨기 1번(마지막 코에 짧은뜨기 2코), 짧은뜨기 3코, 긴뜨기 5코, 짧은뜨기 4코(총 26코)

2단 : 늘려뜨기 1번, 짧은뜨기 2코, 긴뜨기 7코, 짧은뜨기 2코, 늘려뜨기 3번, 짧은뜨기 2코, 긴뜨기 7코, 짧은뜨기 2코(총 30코)

3단 : 늘려뜨기 3번, 짧은뜨기 4코, 긴뜨기 5코, 짧은뜨기 4코, 늘려뜨기 2번, 짧은뜨기 4코, 긴뜨기 5코, 짧은뜨기 3코(총 35코)

익소라 색 실로 이어서 뜬다.

4단 : 짧은뜨기 1코, 늘려뜨기 3번, 짧은뜨기 6코, 늘려뜨기 2번, 짧은뜨기 7코, 늘려뜨기 4번, 짧은뜨기 7코, 늘려뜨기 2번, 짧은뜨기 3코(총 46코)

사프란 색 실로 이어서 뜬다.

5단 : 늘려뜨기 3번, 짧은뜨기 3코, 늘려뜨기 3번, 긴뜨기 5코, 짧은뜨기 13코, 늘려뜨기 2번, 짧은뜨기 12코, 긴뜨기 5코(총 54코)

6단 : 짧은뜨기 2코, 긴뜨기 2코, 긴뜨기로 늘려뜨기 1번, 긴뜨기 2코, 긴뜨기로 늘려뜨기 1번, 긴뜨기 2코, 긴뜨기로 늘려뜨기 1번, 긴뜨기 2코, 짧은뜨기 2코, 긴뜨기 14코, 짧은뜨기 2코, 긴뜨기 2코, 긴뜨기로 늘려뜨기 3번, 긴뜨기 2코, 짧은뜨기 2코, 긴뜨기 14코(총 60코)

7단 : 긴뜨기 3코, 짧은뜨기 15코, 긴뜨기 3코, 짧은뜨기 18코, 늘려뜨기 4번, 짧은뜨기 17코(총 64코)

- 빼뜨기 1코로 마무리하고 실을 자른 후 안으로 넣어 정리한다. 지로플리 색 실로 뜬 부분에 누아르 색 실 두 겹으로 씨를 올망졸망하게 배치해 장식한다.
- 같은 방법으로 다른 과육도 완성한다.

파파야 껍질 (×2)

밤부 색 실로 원형뜨기 하여 완성한다.

1단 : 매직링에 짧은뜨기 8코(총 8코)

2단 : *늘려뜨기 1번*×8번(총 16코)

3단 : *짧은뜨기 1코, 늘려뜨기 1번*×8번(총 24코)

4단 : *짧은뜨기 2코, 늘려뜨기 1번*×8번(총 32코)

5단 : *짧은뜨기 3코, 늘려뜨기 1번*×8번(총 40코)

6단 : 짧은뜨기 40코(총 40코)

7단 : 늘려뜨기 3번, 짧은뜨기 37코(총 43코)

8단 : 짧은뜨기 1코, 늘려뜨기 4번, 짧은뜨기 38코(총 47코)

9단 : 짧은뜨기 47코(총 47코)

10단 : 짧은뜨기 3코, 늘려뜨기 3번, 짧은뜨기 19코, 늘려뜨기 1번, 짧은뜨기 2코, 늘려뜨기 1번, 짧은뜨기 18코(총 52코)

11단 : 짧은뜨기 5코, 늘려뜨기 2번, 짧은뜨기 24코, 늘려뜨기 1번, 짧은뜨기 20코(총 55코)

12단 : 짧은뜨기 3코, 늘려뜨기 1번, 짧은뜨기 8코, 늘려뜨기 1번, 짧은뜨기 6코, 늘려뜨기 1번, 짧은뜨기 8코, 늘려뜨기 1번, 짧은뜨기 10코, 늘려뜨기 1번, 짧은뜨기 8코, 늘려뜨기 1번, 짧은뜨기 5코, 늘려뜨기 1번(총 62코)

13단 : 짧은뜨기 3코, 늘려뜨기 1번, 짧은뜨기 7코, 늘려뜨기 1번, 짧은뜨기 20코, 늘려뜨기 1번, 짧은뜨기 8코, 늘려뜨기 1번, 짧은뜨기 20코(총 66코)

14단 : 짧은뜨기 66코(총 66코)

15단 : 긴뜨기 66코(총 66코)

- 빼뜨기로 1코를 뜬 후 과육과 연결할 수 있도록 실을 길게 남겨두고 자른다.
- 돗바늘로 과육과 껍질을 꿰매 연결한다.
- 바느질하면서 속을 같이 채운다.
- 뱀부 색 실로 연결한 부분을 빼뜨기로 '한 번 더' 뜨개질한다.

> **주의**
>
> 뜨개질을 할 때 밖에서 안으로, 즉 껍질에서 과육 쪽으로 바늘을 넣어야 한다.

- 같은 방법으로 다른 껍질도 완성한다.

멜론 조각

난이도 : ★

크기 : 14×6cm

실

사프란 47호
1타래

익소라 104호
1타래

라이트 그린 12호
1타래

페스토 989호
1타래

가르데니아 36호
1타래

멜론 과육

멜론 과육은 사프란 색 실로 원형뜨기 하여 완성한다.

1단 : 매직링에 짧은뜨기 5코(총 5코)

2단 : *늘려뜨기 1번*×5번(총 10코)

3단 : *늘려뜨기 1번*×10번(총 20코)

4단 : *짧은뜨기 1코, 늘려뜨기 1번*×10번(총 30코)

5단 : 4단의 첫 번째 코에 빼뜨기 1코, 사슬뜨기 3코(한길긴뜨기 1코로 셈하기), 한길긴뜨기 3코, 한길긴뜨기로 늘려뜨기 1번, *한길긴뜨기 4코, 늘려뜨기 1번*×5번(총 36코)

6단 : 5단의 세 번째 사슬코에 짧은뜨기 1코, 짧은뜨기 4코, 늘려뜨기 1번, *짧은뜨기 5코, 늘려뜨기 1번*×5번(총 42코)

7단 : 6단의 첫 번째 코에 빼뜨기 1코, 사슬뜨기 3코(한길긴뜨기 1코로 셈하기), 한길긴뜨기 5코, 한길긴뜨기로 늘려뜨기 1번, *한길긴뜨기 6코, 늘려뜨기 1번*×5번(총 48코)

8단 : 7단의 세 번째 사슬코에 짧은뜨기 1코, 짧은뜨기 6코, 늘려뜨기 1번, *짧은뜨기 7코, 늘려뜨기 1번*×5번(총 54코)

9단 : *짧은뜨기 8코, 늘려뜨기 1번*×6번(총 60코)

10단 : *짧은뜨기 9코, 늘려뜨기 1번*×6번(총 66코)

익소라 색 실로 이어서 뜬다.

11단 : *짧은뜨기 10코, 늘려뜨기 1번*×6번(총 72코)

라이트 그린 색 실로 이어서 뜬다.

12단 : *짧은뜨기 11코, 늘려뜨기 1번*×6번(총 78코)

13단 : *짧은뜨기 12코, 늘려뜨기 1번*×6번(총 84코)

페스토 색 실로 이어서 뜬다.

14단 : *짧은뜨기 13코, 늘려뜨기 1번*×6번(총 90코)

- 빼뜨기 1코로 마무리하고 코 사이로 실을 통과시켜 뺀 후 자른다. 실을 여유 있게 남겨둔다.

> 주의
>
> 과육의 지름보다 두 배 정도 길게 실을 남긴다.

멜론 껍질

페스토 색 실로 왕복뜨기 하여 완성한다. (편물을 돌리기 전 사슬뜨기 1코를 포함해) 사슬뜨기 3코로 시작한다.

1단 : 두 번째 사슬코에 바늘을 넣고 짧은뜨기 1코, 늘려뜨기 1번, 사슬뜨기 1코 후 돌리기(총 3코)

2단 : 짧은뜨기 2코, 늘려뜨기 1번, 사슬뜨기 1코 후 돌리기(총 4코)

3단 : 짧은뜨기 3코, 늘려뜨기 1번, 사슬뜨기 1코 후 돌리기(총 5코)

4단 : 짧은뜨기 4코, 늘려뜨기 1번, 사슬뜨기 1코 후 돌리기(총 6코)

5단 : 짧은뜨기 5코, 늘려뜨기 1번, 사슬뜨기 1코 후 돌리기(총 7코)

6~37단 : 짧은뜨기 7코, 늘려뜨기 1번, 사슬뜨기 1코 후 돌리기 [32단](총 7코)

38단 : 모아뜨기 1번, 짧은뜨기 5코, 사슬뜨기 1코 후 돌리기(총 6코)

39단 : 모아뜨기 1번, 짧은뜨기 4코, 사슬뜨기 1코 후 돌리기(총 5코)

40단 : 모아뜨기 1번, 짧은뜨기 3코, 사슬뜨기 1코 후 돌리기(총 4코)

41단 : 모아뜨기 1번, 짧은뜨기 2코, 사슬뜨기 1코 후 돌리기 (총 3코)

42단 : 모아뜨기 1번, 짧은뜨기 1코, 사슬뜨기 1코 후 돌리기 (총 2코)

43단 : 모아뜨기 1번(총 1코)

- 빼뜨기 1코로 마무리하고 코 사이로 실을 통과시켜 뺀 후 자른다. 실을 안으로 넣어 정리한다.
- 과육을 반으로 접고 가르데니아 색 실 두 겹을 이용해 한길긴뜨기로 완성한 첫 번째 단에 씨를 수놓는다.
- 페스토 색 실로 과육과 껍질을 연결한다. 바느질하면서 속을 같이 채운다.
- 실을 자르고 안으로 넣어 정리한다.

용과

난이도 : ★★★

크기 : 14cm(지름 7.5cm)(2개)

실

색상	번호	양
크림슨	61호	1타래
세리즈	62호	1타래
로벨리아	82호	1타래
아이보리	02호	1타래
누아르	11호	1타래
사일렉스	121호	1타래
피스타치오	13호	1타래
뱀부	76호	1타래

용과 전체

밤부 색 실로 원형뜨기 하여 완성한다.

1단 : 매직링에 짧은뜨기 6코(총 6코)

2단 : 뒤쪽 반코에 짧은뜨기 6코(총 6코)

크림슨 색 실로 이어서 뜬다.

3단 : *늘려뜨기 1번*×6번(총 12코)

4단 : *짧은뜨기 1코, 늘려뜨기 1번*×6번(총 18코)

5단 : 짧은뜨기 18코(총 18코)

6단 : *짧은뜨기 2코, 늘려뜨기 1번*×6번(총 24코)

7단 : *짧은뜨기 3코, 늘려뜨기 1번*×6번(총 30코)

8단 : *짧은뜨기 4코, 늘려뜨기 1번*×6번(총 36코)

9단 : *짧은뜨기 5코, 늘려뜨기 1번*×6번(총 42코)

10단 : *짧은뜨기 6코, 늘려뜨기 1번*×6번(총 48코)

11~20단 : 짧은뜨기 48코[10단](총 48코)

속을 채우기 시작한다.

21단 : *짧은뜨기 6코, 모아뜨기 1번*×6번(총 42코)

22단 : 짧은뜨기 42코(총 42코)

23단 : *짧은뜨기 5코, 모아뜨기 1번*×6번(총 36코)

24단 : 짧은뜨기 36코(총 36코)

25단 : *짧은뜨기 4코, 모아뜨기 1번*×6번(총 30코)

26단 : *짧은뜨기 3코, 모아뜨기 1번*×6번(총 24코)

속을 계속 채운다.

27단 : *짧은뜨기 2코, 모아뜨기 1번*×6번(총 18코)

28단 : *짧은뜨기 1코, 모아뜨기 1번*×6번(총 12코)

속을 꽉 채운다.

29~31단 : 짧은뜨기 12코(총 12코)

32단 : *모아뜨기 1번*×6번(총 6코)

- 빼뜨기 1코로 마무리하고 코 사이로 실을 통과시켜 뺀 후 자른다. 나머지 6코는 바느질로 꿰매고 남은 실은 안으로 넣어 정리한다.

용과 반쪽

껍질 (×2)

껍질은 크림슨 색 실로 원형뜨기 하여 완성한다.

1단 : 매직링에 짧은뜨기 5코(총 5코)

2단 : *늘려뜨기 1번*×5번(총 10코)

3단 : *늘려뜨기 1번*×10번(총 20코)

4단 : *짧은뜨기 1코, 늘려뜨기 1번*×10번(총 30코)

5단 : *짧은뜨기 4코, 늘려뜨기 1번*×6번(총 36코)

6단 : *짧은뜨기 5코, 늘려뜨기 1번*×6번(총 42코)

7단 : *짧은뜨기 6코, 늘려뜨기 1번*×6번(총 48코)

8단 : *짧은뜨기 7코, 늘려뜨기 1번*×6번(총 54코)

9단 : *짧은뜨기 8코, 늘려뜨기 1번*×6번(총 60코)

10~15단 : 짧은뜨기 60코[6단](총 60코)

16단 : 첫 번째 코와 두 번째 코에 긴뜨기 3코(늘려뜨기), 다음 코에 이어서 짧은뜨기 58코(총 64코)

17단 : 짧은뜨기 64코(총 64코)

- 빼뜨기 1코로 마무리하고 코 사이로 실을 통과시켜 뺀 후 자른다.
- 다른 쪽도 같은 방법으로 완성한다.

과육 (×2)

과육은 아이보리 색 실로 원형뜨기 하여 완성한다.

1단 : 매직링에 짧은뜨기 5코(총 5코)

2단 : *늘려뜨기 1번*×5번(총 10코)

3단 : *늘려뜨기 1번*×10번(총 20코)

4단 : *짧은뜨기 1코, 늘려뜨기 1번*×10번(총 30코)

5단 : *짧은뜨기 4코, 늘려뜨기 1번*×6번(총 36코)

6단 : *짧은뜨기 5코, 늘려뜨기 1번*×6번(총 42코)

7단 : *짧은뜨기 6코, 늘려뜨기 1번*×6번(총 48코)

8단 : *짧은뜨기 7코, 늘려뜨기 1번*×6번(총 54코)

크림슨 색 실로 이어서 뜬다.

9단 : *짧은뜨기 8코, 늘려뜨기 1번*×6번(총 60코)

- 입체감을 주기 위해서 사슬뜨기 1코로 마무리하고 편물을 돌려 다음 두 코에 짧은뜨기 3코를 뜬 후(늘려뜨기) 사슬뜨기 1코를 뜨고 편물을 돌린다.
- 크림슨 색 실을 자르지 말고 남겨둔다.
- 아이보리 색 실로 뜬 부분에 사일렉스 색 실과 누아르 색 실로 씨를 완성한다.
- 과육의 크림슨 색 실을 이용하여 과육과 껍질을 빼뜨기로 연결한다.
- 바느질하면서 속을 같이 채운다.

용과 잎

왕복뜨기로 완성한다.

윗부분 큰 잎 (×3)

크림슨 색 실로 뜬다. (편물을 돌리기 전 사슬뜨기 1코를 포함해) 사슬뜨기 7코로 시작한다.

1단 : 두 번째 코에 바늘을 넣고 짧은뜨기 6코(총 6코)

세리즈 색 실로 이어서 뜬다.

2단 : 사슬뜨기 1코, 짧은뜨기 6코(총 6코)

로벨리아 색 실로 이어서 뜬다.

3단 : 사슬뜨기 1코, 짧은뜨기 6코(총 6코)

뱀부 색 실로 이어서 뜬다.

4단 : 사슬뜨기 1코, 모아뜨기 1번, 짧은뜨기 2코, 모아뜨기 1번(총 4코)

5~6단 : 사슬뜨기 1코, 짧은뜨기 4코(총 4코)

피스타치오 색 실로 이어서 뜬다.

7~9단 : 사슬뜨기 1코, 짧은뜨기 4코(총 4코)

10단 : 사슬뜨기 1코, 모아뜨기 2번(총 2코)

11단 : 사슬뜨기 1코, 짧은뜨기 2코(총 2코)

12단 : 사슬뜨기 1코, 모아뜨기 1번(총 1코)

- 코 사이로 실을 통과시켜 뺀다.
- 잎과 껍질을 연결하기 위해 실을 충분히 남겨두고 자른다.
- 다른 두 잎도 같은 방법으로 완성한다.

가운데 부분 중간 잎 (×7)

크림슨 색 실로 뜬다. (편물을 돌리기 전 사슬뜨기 1코를 포함해) 사슬뜨기 12코로 시작한다.

1단 : 두 번째 코에 바늘을 넣고 짧은뜨기 11코(총 11코)

세리즈 색 실로 이어서 뜬다.

2단 : 사슬뜨기 1코, 모아뜨기 1번, 짧은뜨기 9코(총 10코)

로벨리아 색 실로 이어서 뜬다.

3단 : 사슬뜨기 1코, 모아뜨기 1번, 짧은뜨기 8코(총 9코)

뱀부 색 실로 이어서 뜬다.

4단 : 사슬뜨기 1코, 모아뜨기 1번, 짧은뜨기 7코(총 8코)

피스타치오 색 실로 이어서 뜬다.

5단 : 사슬뜨기 1코, 모아뜨기 1번, 짧은뜨기 6코(총 7코)

6단 : 사슬뜨기 1코, 모아뜨기 1번, 짧은뜨기 5코(총 6코)

7단 : 사슬뜨기 1코, 모아뜨기 1번, 짧은뜨기 2코, 모아뜨기 1번 (총 4코)

8단 : 사슬뜨기 1코, 모아뜨기 2번(총 2코)

9단 : 사슬뜨기 1코, 모아뜨기 1번(총 1코)

- 코 사이로 실을 통과시켜 뺀다.
- 잎과 껍질을 연결하기 위해 실을 충분히 남겨두고 자른다.
- 다른 여섯 잎도 같은 방법으로 완성한다.

밑부분 작은 잎 (×3)

크림슨 색 실로 뜬다. (편물을 돌리기 전 사슬뜨기 1코를 포함해) 사슬뜨기 6코로 시작한다.

1단 : 두 번째 코에 바늘을 넣고 짧은뜨기 5코(총 5코)

뱀부 색 실로 이어서 뜬다.

2단 : 사슬뜨기 1코, 짧은뜨기 5코(총 5코)

피스타치오 색 실로 이어서 뜬다.

3단 : 사슬뜨기 1코, 모아뜨기 1번, 짧은뜨기 3코(총 4코)

4단 : 사슬뜨기 1코, 모아뜨기 2번(총 2코)

5단 : 사슬뜨기 1코, 모아뜨기 1번(총 1코)

- 코 사이로 실을 통과시켜 뺀다.
- 잎과 껍질을 연결하기 위해 실을 충분히 남겨두고 자른다.
- 다른 두 잎도 같은 방법으로 완성한다.

채소

옥수수

난이도 : ★★★

크기 : 16×5cm

실

투른솔 16호
1타래

피스타치오 13호
1타래

샤르트뢰즈 48호
1타래

옥수수 열매

투른솔 색 실로 뜬다. 13쪽의 기법에 소개한 팝콘뜨기로 왕복뜨기 하여 완성한다. (편물을 돌리기 전 사슬뜨기 1코를 포함해) 사슬뜨기 20코로 시작한다.

> 주의
>
> 이번 작품에서는 뜨개법 노트에서 설명했던 한길긴뜨기 5코가 아닌 3코로 팝콘뜨기를 한다.

1단 : 두 번째 코에 바늘을 넣고 짧은뜨기 19코, 사슬뜨기 1코 후 돌리기(총 19코)

2단 : 사슬뜨기 1코, *짧은뜨기 1코, 팝콘뜨기 1코*×9번, 짧은뜨기 1코, 사슬뜨기 1코 후 돌리기(총 19코)

3단 : 사슬뜨기 1코, 짧은뜨기 19코, 사슬뜨기 1코 후 돌리기(총 19코)

4~17단 : *2~3단 반복*×7번[14단](총 19코)

18단 : 2단 반복(총 19코)

19단 : 모아뜨기 1번, 짧은뜨기 15코, 모아뜨기 1번, 사슬뜨기 1코 후 돌리기(총 17코)

20단 : *팝콘뜨기 1코, 짧은뜨기 1코*×8번, 팝콘뜨기 1코, 사슬뜨기 1코 후 돌리기(총 17코)

21단 : 모아뜨기 1번, 짧은뜨기 13코, 모아뜨기 1번, 사슬뜨기 1코 후 돌리기(총 15코)

22단 : *짧은뜨기 1코, 팝콘뜨기 1코*×7번, 짧은뜨기 1코, 사슬뜨기 1코 후 돌리기(총 15코)

23단 : 모아뜨기 1번, 짧은뜨기 11코, 모아뜨기 1번, 사슬뜨기 1코 후 돌리기(총 13코)

24단 : *팝콘뜨기 1코, 짧은뜨기 1코*×6번, 팝콘뜨기 1코, 사슬뜨기 1코 후 돌리기(총 13코)

25단 : 모아뜨기 1번, 짧은뜨기 9코, 모아뜨기 1번, 사슬뜨기 1코 후 돌리기(총 11코)

26단 : *짧은뜨기 1코, 팝콘뜨기 1코*×5번, 짧은뜨기 1코, 사슬뜨기 1코 후 돌리기(총 11코)

27단 : 모아뜨기 1번, 짧은뜨기 7코, 모아뜨기 1번, 사슬뜨기 1코 후 돌리기(총 9코)

28단 : *팝콘뜨기 1코, 짧은뜨기 1코*×4번, 팝콘뜨기 1코, 사슬뜨기 1코 후 돌리기(총 9코)

29단 : 모아뜨기 1번, 짧은뜨기 5코, 모아뜨기 1번, 사슬뜨기 1코 후 돌리기(총 7코)

- 코 사이로 실을 통과시켜 뺀 후 약 80cm 정도 실을 남겨두고 자른다.
- 겉면을 맞대고 긴 방향으로 편물을 접은 후 돗바늘로 7코 구멍을 꿰맨다.
- 빼뜨기로 옆면을 마무리하고 편물을 뒤집은 후 속을 채운다.

옥수수 줄기

줄기의 처음 두 단은 왕복뜨기 한다. 시작점의 사슬뜨기 1코에 빼뜨기 1코를 뜨고 마무리한다(이 두 코는 단에서 콧수로 셈하지 않는다). 피스타치오 색 실을 이용하여 옥수수 밑부분을 공그르기로 바느질해 연결한다.

1단 : 사슬뜨기 1코로 시작. 옥수수 밑부분에 짧은뜨기 19코, 사슬뜨기 첫 코에 빼뜨기로 마무리(총 19코)

2단 : 사슬뜨기 1코, 짧은뜨기 19코, 사슬뜨기 첫 코에 빼뜨기로 마무리(총 19코)

3단 : 사슬뜨기 1코, *짧은뜨기 1코, 모아뜨기 1번*×6번(총 14코)

4단 : *모아뜨기 1번*×7번(총 7코)

녹색 끝부분부터 줄기까지 속을 채운다. 마지막 단을 다음과 같이 완성한다.

5단 : *사슬뜨기 3코로 사슬코, 사슬코 위에 모아뜨기 1번, 다음 코에 짧은뜨기 1코, 4단의 다음 코에 빼뜨기*를 단이 끝날 때까지 반복

- 코 사이로 실을 통과시켜 뺀 후 실을 자른다. 돗바늘로 바느질해 구멍을 닫는다.

옥수수 잎 (×3)

잎은 왕복뜨기로 완성한다. 두 잎은 피스타치오 색 실로, 한 잎은 샤르트뢰즈 색 실로 뜬다. (편물을 돌리기 전 사슬뜨기 1코를 포함해) 사슬뜨기 8코로 시작한다.

> **주의**
>
> 옥수수에 잎들을 꿰맬 수 있도록 40cm 정도 실을 남기고 시작한다.

1단 : 두 번째 코에 바늘을 넣고 짧은뜨기 7코(총 7코)

2단 : 사슬뜨기 1코 후 돌리기, 짧은뜨기 7코(총 7코)

3단 : 사슬뜨기 3코(한길긴뜨기 1코로 셈하기), 같은 코에 한길긴뜨기 1코, *한길긴뜨기로 늘려뜨기 1번*×6번(총 14코)

4단 : 사슬뜨기 1코 후 돌리기, 짧은뜨기 14코(총 14코)

5단 : 사슬뜨기 3코(한길긴뜨기 1코로 셈하기), 한길긴뜨기 13코(총 14코)

6~13단 : *4~5단 반복*×4번[8단](총 14코)

14단 : 사슬뜨기 1코 후 돌리기, 모아뜨기 1번, 짧은뜨기 10코, 모아뜨기 1번(총 12코)

15단 : 사슬뜨기 3코, 한길긴뜨기 11코(총 12코)

16단 : 사슬뜨기 1코 후 돌리기, 모아뜨기 1번, 짧은뜨기 8코, 모아뜨기 1번(총 10코)

17단 : 사슬뜨기 3코, 한길긴뜨기 9코(총 10코)

18단 : 사슬뜨기 1코 후 돌리기, 모아뜨기 1번, 짧은뜨기 6코, 모아뜨기 1번(총 8코)

19단 : 사슬뜨기 3코, 한길긴뜨기 7코(총 8코)

20단 : 사슬뜨기 1코 후 돌리기, 모아뜨기 1번, 짧은뜨기 4코, 모아뜨기 1번(총 6코)

21단 : 사슬뜨기 3코, 한길긴뜨기 5코(총 6코)

22단 : 사슬뜨기 1코 후 돌리기, 모아뜨기 1번, 짧은뜨기 2코, 모아뜨기 1번(총 4코)

23단 : 사슬뜨기 3코, 한길긴뜨기 3코(총 4코)

24단 : 사슬뜨기 1코 후 돌리기, *모아뜨기 1번*×2번(총 2코)

25단 : 사슬뜨기 1코 후 돌리기, 모아뜨기 1번(총 1코)

- 코 사이로 실을 통과시켜 뺀 후 자른다. 남은 실은 편물 안쪽에 넣어 정리한다.
- 옥수수 밑부분에 제일 진한 색 잎을 아래에서 위로 공그르기로 연결한다.
- 다른 두 잎도 진한 색 잎과 아랫부분이 겹치게 같은 방법으로 꿰맨다.

노란 파프리카

난이도 : ★★★

크기 : 9cm(지름 6.5cm)

실

지로플리 85호	**샤르트뢰즈** 48호
1타래	1타래

파프리카 열매

파프리카는 전체를 지로플리 색 실로 원형뜨기 하여 완성한다.

1단 : 매직링에 짧은뜨기 6코(총 6코)

2단 : *늘려뜨기 1번*×6번(총 12코)

3단 : *짧은뜨기 1코, 늘려뜨기 1번*×6번(총 18코)

4단 : 짧은뜨기 18코(총 18코)

5단 : *짧은뜨기 2코, 늘려뜨기 1번*×6번(총 24코)

6단 : 짧은뜨기 24코(총 24코)

7단 : *짧은뜨기 3코, 늘려뜨기 1번*×6번(총 30코)

8단 : *짧은뜨기 4코, 늘려뜨기 1번*×6번(총 36코)

9~11단 : 짧은뜨기 36코(총 36코)

12단 : *짧은뜨기 5코, 늘려뜨기 1번*×6번(총 42코)

13~19단 : 짧은뜨기 42코[7단](총 42코)

20단 : *짧은뜨기 6코, 늘려뜨기 1번*×6번(총 48코)

21~29단 : 짧은뜨기 48코[9단](총 48코)

속을 채우기 시작한다.

30단 : *짧은뜨기 6코, 모아뜨기 1번*×6번(총 42코)

31단 : *짧은뜨기 5코, 모아뜨기 1번*×6번(총 36코)

32단 : *짧은뜨기 4코, 모아뜨기 1번*×6번(총 30코)

33단 : *짧은뜨기 3코, 모아뜨기 1번*×6번(총 24코)

속을 계속 채운다.

34단 : *짧은뜨기 2코, 모아뜨기 1번*×6번(총 18코)

35단 : *짧은뜨기 1코, 모아뜨기 1번*×6번(총 12코)

속을 꽉 채우고 마무리한다.

36단 : *모아뜨기 1번*×6번(총 6코)

- 빼뜨기 1코로 마무리하고 코 사이로 실을 통과시켜 뺀 후 너무 짧지 않게 자른다.

주의

약 80cm 정도 실을 남겨둔다.

- 남은 6코는 바느질로 꿰맨다.
- 다음과 같은 방법으로 파프리카의 형태를 만들어 준다.

1 실을 위에서 아래로 파프리카 안으로 넣어 통과시킨 후 빼낸다. 한 코를 통과해 다시 위로 올라온다. 두 실 끝을 살짝 당겨서 매듭으로 묶는다.

2 실을 위에서 아래로 파프리카 안으로 통과시켜 밖으로 빼낸 후 아래에서 위로 실을 빼내 구역을 만든다. 이 과정을 세 번 반복한다. 실을 조이듯 잡아당겨 파프리카 형태로 만든다.

팁

실이 위로 올라올 때마다 매듭을 짓고 다시 안으로 넣어 통과시키는 것이 좋다.

- 파프리카 형태로 만든 후 실을 자르고 안으로 넣어 마무리한다.

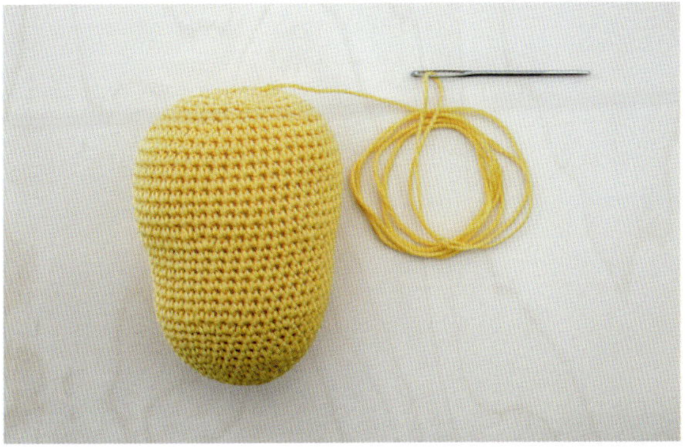

윗부분

아랫부분

파프리카 꼭지

샤르트뢰즈 색 실로 뜬다.

1단 : 매직링에 짧은뜨기 4코(총 4코)

2~5단 : 짧은뜨기 4코[4단](총 4코)

6단 : *늘려뜨기 1번*×4번(총 8코)

7단 : *짧은뜨기 1코, 늘려뜨기 1번*×4번(총 12코)

- 빼뜨기 1코로 마무리하고 코 사이로 실을 통과시켜 뺀 후 자르다. 열매 윗부분에 꼭지를 꿰맨다. 남은 실을 안으로 넣어 정리한다.

D·M·C
Natura
Just Cotton
100% Coton
100%Cotton
100% Algodón
100% Algodão
100% Cotone
100% Baumwolle

마늘

난이도 : ★

크기 : 5cm(지름 5.5cm)

실

아이보리 02호 1타래	**가르데니아** 36호 1타래
카넬 37호 1타래	**아마란토** 33호 1타래

마늘은 가르데니아 색 실로 전체를 원형뜨기 하여 완성한다.

1단 : 매직링에 짧은뜨기 5코(총 5코)

2단 : *늘려뜨기 1번*×5번(총 10코)

아이보리 색 실로 이어서 뜬다.

3단 : *늘려뜨기 1번*×10번(총 20코)

4단 : *짧은뜨기 1코, 늘려뜨기 1번*×10번(총 30코)

5단 : *짧은뜨기 4코, 늘려뜨기 1번*×6번(총 36코)

- 완성한 편물을 잠시 둔다.

- 카넬 색 실을 7cm 정도로 여러 개 잘라 가르데니아 색 실로 뜬 부분에 밖에서 안으로 넣은 다음 바로 옆 코에서 실을 빼낸 후 두 가닥으로 두 번 매듭을 짓는다.
- 원하는 두께가 될 때까지 반복한다.
- 매듭을 지은 후 1cm 정도 실을 남기고 자른다. 실을 모두 풀어 헤치고 비벼서 헝클어뜨린다.

6~12단 : 짧은뜨기 36코[7단](총 36코)

13단 : *짧은뜨기 4코, 모아뜨기 1번*×6번(총 30코)

14단 : *짧은뜨기 3코, 모아뜨기 1번*×6번(총 24코)

15단 : *짧은뜨기 2코, 모아뜨기 1번*×6번(총 18코)

- 속을 채운 후 완성한 편물을 잠시 둔다.
- 마늘 모양으로 만든다. 가르데니아 색 실을 길게 잡아 카넬 색 실로 뜬 부분 옆에 바늘을 넣고 편물 아래에 매듭을 만들어 고정한다. 편물의 겉면에 실을 밑에서 위로 통과시킨 후 마늘 윗부분인 13~14단 사이에 바늘을 넣는다. 실을 잡아당겨 마늘 형태를 만들어 준 후 바늘을 밑으로 빼낸다. 이 작업을 원하는 만큼 반복한다.
- 매듭을 지은 후 실을 넣어 정리한다.
- 남겨둔 편물을 다시 뜨기 시작한다.

16단 : *짧은뜨기 1코, 모아뜨기 1번*×6번(총 12코)

17단 : 짧은뜨기 12코(총 12코)

18단 : *모아뜨기 1번*×6번(총 6코)

19~20단 : 짧은뜨기 6코(총 6코)

- 빼뜨기 1코로 마무리하고 코 사이로 실을 통과시켜 뺀 후 자른다. 남은 6코는 바느질로 꿰맨다.
- 아마란토 색 실을 길게 잘라 마늘쪽 사이사이를 장식하며 낱개로 구분해 준다.
- 실을 자른 후 안으로 넣어 정리한다.

대파

난이도 : ★★★

크기 : 32cm

실

색상	번호	수량
아이보리	02호	1타래
나카르	35호	1타래
라이트 그린	12호	1타래
피스타치오	13호	1타래
샤르트뢰즈	48호	1타래

대파는 아이보리 색 실로 원형뜨기 하여 시작해 왕복뜨기로 이파리들을 만들어 완성한다.

1단 : 매직링에 짧은뜨기 6코(총 6코)

2단 : *늘려뜨기 1번*×6번(총 12코)

3단 : *짧은뜨기 1코, 늘려뜨기 1번*×6번(총 18코)

4단 : *짧은뜨기 2코, 늘려뜨기 1번*×6번(총 24코)

5단 : *짧은뜨기 3코, 늘려뜨기 1번*×6번(총 30코)

- 아이보리 색 실을 9cm 정도로 여러 개 잘라서 대파 아랫부분에 뿌리를 만든다. 실을 밖에서 안으로 넣은 다음 바로 옆 코에서 실을 빼낸 후 두 가닥으로 두 번 매듭을 짓는다.
- 모든 실 가닥을 가운데 부분에 배치한다.
- 매듭을 짓고 실을 길게 남겨 자른 후 모두 풀어 헤치고 비벼서 헝클어뜨린다(70, 88쪽 참조).

6~8단 : 짧은뜨기 30코(총 30코)

9단 : *짧은뜨기 3코, 모아뜨기 1번*×6번(총 24코)

10단 : 짧은뜨기 24코(총 24코)

11단 : *짧은뜨기 4코, 모아뜨기 1번*×4번(총 20코)

12~31단 : 짧은뜨기 20코[20단](총 20코)

속을 채우기 시작한다. 아이보리 색 실과 나카르 색 실을 번갈아 이어서 뜬다.

32단 : *나카르 색 실로 짧은뜨기 2코, 아이보리 색 실로 짧은뜨기 2코*×5번(총 20코)

33단 : *나카르 색 실로 짧은뜨기 1코, 아이보리 색 실로 짧은뜨기 1코*×10번(총 20코)

34~43단 : 나카르 색 실로 짧은뜨기 20코[10단](총 20코)

계속 속을 채운다. 나카르 색 실과 라이트 그린 색 실을 번갈아 이어서 뜬다.

44단 : *라이트 그린 색 실로 짧은뜨기 2코, 나카르 색 실로 짧은뜨기 2코*×5번(총 20코)

45단 : *라이트 그린 색 실로 짧은뜨기 1코, 나카르 색 실로 짧은뜨기 1코*×10번(총 20코)

46~55단 : 라이트 그린 색 실로 짧은뜨기 20코[10단](총 20코)

계속 속을 채운다. 라이트 그린 색 실과 피스타치오 색 실을 번갈아 이어서 뜬다.

56단 : *피스타치오 색 실로 짧은뜨기 2코, 라이트 그린 색 실로 짧은뜨기 2코*×5번(총 20코)

57단 : *피스타치오 색 실로 짧은뜨기 1코, 라이트 그린 색 실로 짧은뜨기 1코*×10번(총 20코)

58~67단 : 피스타치오 색 실로 짧은뜨기 20코[10단](총 20코)

계속 속을 채운다. 피스타치오 색 실과 샤르트뢰즈 색 실을 번갈아 이어서 뜬다.

68단 : *샤르트뢰즈 색 실로 짧은뜨기 2코, 피스타치오 색 실로 짧은뜨기 2코*×5번(총 20코)

69단 : *샤르트뢰즈 색 실로 짧은뜨기 1코, 피스타치오 색 실로 짧은뜨기 1코*×10번(총 20코)

70~74단 : 샤르트뢰즈 색 실로 짧은뜨기 20코[5단](총 20코)

- 이제부터는 왕복뜨기를 한다. 마지막 단의 일부분에만 너비와 높이가 서로 다른 세 이파리를 이어서 뜬다. 75단의 앞쪽 반코에서 시작한다.
- 세 이파리를 완성한 후 75단의 뒤쪽 반코에서 원형뜨기를 시작해 대파의 끝부분을 마무리한다.
- 샤르트뢰즈 색 실로 이파리도 이어서 뜬다.

첫 번째 이파리

75단 : 앞쪽 반코에 짧은뜨기 7코, 사슬뜨기 1코 후 돌리기(총 7코)
76~79단 : 짧은뜨기 7코, 사슬뜨기 1코 후 돌리기[4단](총 7코)
80단 : 짧은뜨기 7코(총 7코)

- 코 사이로 실을 통과시켜 뺀 후 실을 자른다.

두 번째 이파리

75단 : (이미 완성한 짧은뜨기 7코 옆에) 앞쪽 반코에 짧은뜨기 8코, 사슬뜨기 1코 후 돌리기(총 8코)
76~83단 : 짧은뜨기 8코, 사슬뜨기 1코 후 돌리기[7단](총 8코)
84단 : 짧은뜨기 8코(총 8코)

- 코 사이로 실을 통과시켜 뺀 후 실을 자른다.

세 번째 이파리

75단 : (이미 완성한 짧은뜨기 15코 옆에) 앞쪽 반코에 짧은뜨기 5코, 사슬뜨기 1코 후 돌리기(총 5코)

76~79단 : 짧은뜨기 5코, 사슬뜨기 1코 후 돌리기[4단](총 5코)

80단 : 짧은뜨기 5코(총 5코)

- 코 사이로 실을 통과시켜 뺀 후 실을 자른다.

대파 끝부분

75단 : (74단 코의) 뒤쪽 반코에 짧은뜨기 20코(총 20코)

76단 : *짧은뜨기 8코, 모아뜨기 1번*×2번(총 18코)

77단 : *짧은뜨기 1코, 모아뜨기 1번*×6번(총 12코)

속 채우기를 마무리한다.

78단 : *모아뜨기 1번*×6번(총 6코)

- 빼뜨기 1코로 마무리하고 코 사이로 실을 통과시켜 뺀 후 실을 자른다. 남은 6코는 바느질로 꿰맨다.

- 설명을 따라서 대파 끝부분의 76단부터 2~3개 이파리를 더 만들 수 있다. 샤르트뢰즈 색 실을 이용하여 왕복뜨기로 완성하면 된다.

1 세 이파리를 만들 때처럼 76단의 18코를 두세 부분으로 나눈다. 부분마다 짧은뜨기로 왕복뜨기 하여 원하는 높이만큼 완성한다.

2 77단을 6코씩 두 부분으로 나눠서 반복적으로 짧은뜨기로 왕복뜨기 한다.

팁

왕복뜨기에서 콧수를 조절하면서 이파리 길이에 변화를 주면 좋다.

- 이파리가 완성되면 코 사이로 실을 통과시켜 뺀 후 실을 자른다. 남은 실은 안으로 넣어 정리한다.

홍고추

난이도 : ★

크기 : 9cm(지름 2.5cm)

실

패션 23호
1타래

헤모글로빈 555호
1타래

페스토 989호
1타래

고추 열매

고추 열매는 패션 색 실과 헤모글로빈 색 실로 원형뜨기 하여 완성한다.

1단 : 매직링에 짧은뜨기 5코(총 5코)

2단 : *늘려뜨기 1번*×5번(총 10코)

3단 : 짧은뜨기 1코, 늘려뜨기 1번, 짧은뜨기 8코(총 11코)

4~5단 : 짧은뜨기 11코(총 11코)

6단 : 짧은뜨기 1코, 늘려뜨기 1번, 짧은뜨기 9코(총 12코)

7~9단 : 짧은뜨기 12코(총 12코)

10단 : 짧은뜨기 1코, 늘려뜨기 1번, 짧은뜨기 10코(총 13코)

11~14단 : 짧은뜨기 13코[4단](총 13코)

15단 : 짧은뜨기 1코, 늘려뜨기 1번, 짧은뜨기 11코(총 14코)

16~18단 : 짧은뜨기 14코(총 14코)

19단 : 짧은뜨기 1코, 늘려뜨기 1번, 짧은뜨기 12코(총 15코)

20~21단 : 짧은뜨기 15코(총 15코)

고추처럼 곡선을 만들며 속을 채우기 시작한다.

22단 : *짧은뜨기 1코, 모아뜨기 1번*×5번(총 10코)

속 채우기를 마무리한다.

23단 : *모아뜨기 1번*×5번(총 5코)

- 빼뜨기 1코로 마무리하고 코 사이로 실을 통과시켜 뺀 후 실을 자른다. 남은 5코는 바느질로 꿰맨다.

고추 꼭지

페스토 색 실을 이용하여 줄기는 왕복뜨기로 1단만 뜨고 꼭지는 원형뜨기로 완성한다.

줄기

(편물을 돌리기 전 사슬뜨기 1코를 포함해) 사슬뜨기 5코로 시작한다.

1단 : 두 번째 코에 바늘을 넣고 빼뜨기 4코(총 4코)

- 코 사이로 실을 통과시켜 뺀 후 실을 너무 짧지 않게 자른다.

둥근 꼭지

1단 : 매직링에 짧은뜨기 6코(총 6코)

> 주의
>
> 이때 매직링은 조이지 않는다.

2단 : *늘려뜨기 1번*×6번(총 12코)

- 빼뜨기 1코로 마무리하고 코 사이로 실을 통과시켜 뺀 후 실을 자른다. 열매에 연결할 수 있도록 실을 여유 있게 남긴다.

열매와 꼭지 연결하기

고추 열매와 꼭지를 연결한다.

- 둥근 꼭지 가운데에 줄기를 넣고 매직링을 조여 줄기를 고정한다.
- 꼭지에 남은 실과 줄기에 남은 실로 매듭을 짓는다.
- 고추 열매 끝에 줄기를 꿰맨다.
- 실을 자른 후 안으로 넣어 정리한다.

방울양배추

난이도 : ★

크기(지름) : 큰 방울양배추 4.5cm,

작은 방울양배추 3.5cm

실

색	번호	양
뱀부	76호	1타래
피스타치오	13호	1타래

방울양배추는 전체를 원형뜨기 하여 완성한다.

방울양배추 열매

밤부 색 실로 완성한다.

1단 : 매직링에 짧은뜨기 6코(총 6코)

2단 : *늘려뜨기 1번*×6번(총 12코)

3단 : *짧은뜨기 1코, 늘려뜨기 1번*×6번(총 18코)

4단 : *짧은뜨기 2코, 늘려뜨기 1번*×6번(총 24코)

5~8단 : 짧은뜨기 24코[4단](총 24코)

9단 : *짧은뜨기 2코, 모아뜨기 1번*×6번(총 18코)

속을 꽉 채운다.

10단 : *짧은뜨기 1코, 모아뜨기 1번*×6번(총 12코)

11단 : *모아뜨기 1번*×6번(총 6코)

- 빼뜨기 1코로 마무리하고 코 사이로 실을 통과시켜 뺀 후 실을 자른다.
- 남은 6코는 바느질로 꿰매고 남은 실은 안으로 넣어 정리한다.

> 변화 주기
>
> 방울양배추를 더 작게 만들고 싶다면 18코(3단) 이상 늘려 뜨지 않는다.

방울양배추 잎 (×3)

피스타치오 색 실로 완성한다.

1단 : 매직링에 짧은뜨기 6코(총 6코)

2단 : *늘려뜨기 1번*×6번(총 12코)

3단 : *짧은뜨기 1코, 늘려뜨기 1번*×6번(총 18코)

4단 : *짧은뜨기 2코, 늘려뜨기 1번*×6번(총 24코)

5단 : *짧은뜨기 3코, 늘려뜨기 1번*×6번(총 30코)

- 빼뜨기 1코로 마무리하고 코 사이로 실을 통과시켜 뺀 후 꿰맬 수 있도록 실을 길게 남긴다.
- 밤부 색 실을 길게 잘라 잎맥 모양으로 수놓은 후 방울 밑부분에 잎들이 서로 조금씩 겹치도록 꿰맨다.
- 남은 실은 안으로 넣어 정리한다.

> 변화 주기
>
> 방울을 작게 만들어 잎도 작아야 한다면 24코(4단)까지만 뜬다.

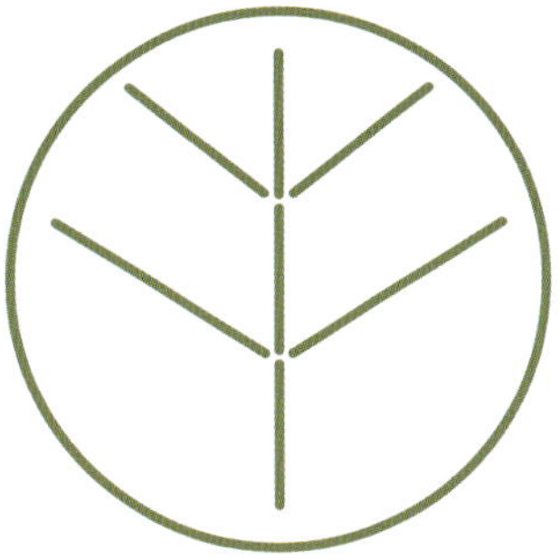

큰 잎(지름 4cm)

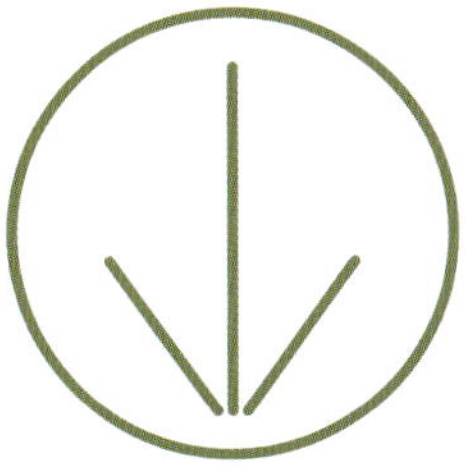

작은 잎(지름 3cm)

양파

난이도 : ★

크기 : 7cm(지름 6.5cm)

실

색상	번호	분량
카넬	37호	1타래
라이트 그린	12호	1타래
블레	83호	1타래

양파 열매

양파의 열매는 카넬 색 실로 원형뜨기 하여 완성한다.

1단 : 매직링에 짧은뜨기 5코(총 5코)

2단 : *늘려뜨기 1번*×5번(총 10코)

3단 : *늘려뜨기 1번*×10번(총 20코)

4단 : *짧은뜨기 1코, 늘려뜨기 1번*×10번(총 30코)

5단 : *짧은뜨기 4코, 늘려뜨기 1번*×6번(총 36코)

6단 : *짧은뜨기 5코, 늘려뜨기 1번*×6번(총 42코)

7단 : *짧은뜨기 6코, 늘려뜨기 1번*×6번(총 48코)

8~11단 : 짧은뜨기 48코[4단](총 48코)

- 카넬 색 실과 블레 색 실을 7cm 정도로 여러 개 잘라서 양파의 뿌리를 만든다. 실을 밖에서 안으로 넣은 다음 바로 옆 코에서 실을 빼낸 후 두 가닥으로 두 번 매듭을 짓는다.
- 원하는 만큼 촘촘해질 때까지 반복한다.
- 모든 실 가닥을 가운데 부분에 배치하고, 매듭을 지은 후 1cm 정도 실을 남기고 자른다. 실을 모두 풀어 헤치고 비벼서 헝클어뜨린다.

12단 : *짧은뜨기 6코, 모아뜨기 1번*×6번(총 42코)

13단 : 짧은뜨기 42코(총 42코)

14단 : *짧은뜨기 5코, 모아뜨기 1번*×6번(총 36코)

15단 : 짧은뜨기 36코(총 36코)

16단 : *짧은뜨기 4코, 모아뜨기 1번*×6번(총 30코)

속을 채우기 시작한다.

17단 : *짧은뜨기 3코, 모아뜨기 1번*×6번(총 24코)

18단 : *짧은뜨기 2코, 모아뜨기 1번*×6번(총 18코)

계속 속을 채운다.

19단 : *짧은뜨기 1코, 모아뜨기 1번*×6번(총 12코)

속 채우기를 마무리한다.

20단 : *짧은뜨기 2코, 모아뜨기 1번*×3번(총 9코)

- 완성한 열매는 잠시 두고 줄기를 뜬다.

양파 줄기

블레 색 실을 이용하여 왕복뜨기로 1단만 떠서 완성한다. (편물을 돌리기 전 사슬뜨기 1코를 포함해) 사슬뜨기 5코로 시작한다.

1단 : 두 번째 코에 바늘을 넣고 짧은뜨기 3코, 빼뜨기 1코(총 4코)

- 코 사이로 실을 통과시켜 뺀 후 실이 너무 짧지 않게 자른다.

- 같은 방법으로 두 번째 줄기를 완성한다. 라이트 그린 색 실로 (편물을 돌리기 위한 사슬뜨기 1코를 포함해) 사슬뜨기 6코로 시작한다.

1단 : 두 번째 코에 바늘을 넣고 짧은뜨기 4코, 빼뜨기 1코(총 5코)

- 코 사이로 실을 통과시켜 뺀 후 실이 너무 짧지 않게 자른다.
- 열매에 세 줄기를 고정한다.
- 줄기의 실 두 가닥 중 한 가닥을 열매의 (편물의 중앙인) 20단 뒤쪽 반코에 넣는다. 세 줄기를 20단에서 같은 간격으로 펼친다. 두 번 매듭을 지어 고정한다.
- 양파의 구멍을 닫고 줄기의 실들을 매듭지은 후 실을 안으로 넣어 정리한다.

양파 열매 마무리하기

열매를 마무리한다.

21단 : 앞쪽 반코에 짧은뜨기 9코(총 9코)

22단 : *짧은뜨기 1코, 모아뜨기 1번*×3번(총 6코)

- 빼뜨기 1코로 마무리하고 코 사이로 실을 통과시켜 뺀 후 실을 자른다. 남은 6코는 꿰매 구멍을 닫는다. 실을 안으로 넣어 정리한다.

아티초크

난이도 : ★★★

크기 : 12cm(지름 6.5cm)

실

페스토 989호
1타래

옴브르 39호
1타래

오르키데아 45호
1타래

아티초크 줄기

페스토 색 실로 원형뜨기 하여 완성한다.

1단 : 매직링에 짧은뜨기 6코(총 6코)

2단 : *늘려뜨기 1번*×6번(총 12코)

3단 : 뒤쪽 반코에 짧은뜨기 12코(총 12코)

4~23단 : 짧은뜨기 12코[20단](총 12코)

- 편물에 속을 채운 후 빼뜨기 1코로 마무리한다. 실을 코 사이로 통과시켜 뺀 후 실을 자른다. 열매와 줄기를 꿰맬 수 있도록 실은 넉넉하게 남겨둔다.

아티초크 열매

페스토 색 실로 원형뜨기 하여 완성한다.

1단 : 매직링에 짧은뜨기 6코(총 6코)

2단 : 짧은뜨기 6코(총 6코)

3단 : *늘려뜨기 1번*×6번(총 12코)

4~6단 : 짧은뜨기 12코(총 12코)

7단 : *짧은뜨기 3코, 늘려뜨기 1번*×3번(총 15코)

8~9단 : 짧은뜨기 15코(총 15코)

10단 : *짧은뜨기 4코, 늘려뜨기 1번*×3번(총 18코)

11~16단 : 짧은뜨기 18코[6단](총 18코)

17단 : *짧은뜨기 1코, 모아뜨기 1번*×6번(총 12코)

18단 : 짧은뜨기 12코(총 12코)

19단 : *모아뜨기 1번*×6번(총 6코)

- 빼뜨기 1코로 마무리하고 코 사이로 실을 통과시켜 뺀 후 실을 자른다. 남은 6코는 꿰맨다.
- 남은 실은 안으로 넣어 정리한다.

아티초크 잎

모든 잎은 왕복뜨기로 완성한다.

> 주의
>
> 각 잎의 사슬코를 뜨기 전에 열매와 잎을 연결할 수 있도록 30cm 정도 실을 남긴다.

첫 번째 잎 (×3)

페스토 색 실로 뜬다. (편물을 돌리기 전 사슬뜨기 1코를 포함해) 사슬뜨기 4코로 시작한다.

1단 : 두 번째 코에 바늘을 넣고 *늘려뜨기 1번*×3번, 사슬뜨기 1코 후 돌리기(총 6코)

2단 : 짧은뜨기 1코, 늘려뜨기 1번, 짧은뜨기 4코, 사슬뜨기 1코 후 돌리기(총 7코)

3단 : 짧은뜨기 1코, 늘려뜨기 1번, 짧은뜨기 5코, 사슬뜨기 1코 후 돌리기(총 8코)

4단 : 짧은뜨기 1코, 늘려뜨기 1번, 짧은뜨기 6코, 사슬뜨기 1코 후 돌리기(총 9코)

5단 : 짧은뜨기 1코, 늘려뜨기 1번, 짧은뜨기 7코, 사슬뜨기 1코 후 돌리기(총 10코)

6~9단 : 짧은뜨기 10코[4단](총 10코)

10단 : 짧은뜨기 1코, 모아뜨기 1번, 짧은뜨기 7코, 사슬뜨기 1코 후 돌리기(총 9코)

11단 : 짧은뜨기 1코, 모아뜨기 1번, 짧은뜨기 6코, 사슬뜨기 1코 후 돌리기(총 8코)

12단 : 짧은뜨기 1코, 모아뜨기 1번, 짧은뜨기 5코, 사슬뜨기 1코 후 돌리기(총 7코)

13단 : 짧은뜨기 1코, 모아뜨기 1번, 짧은뜨기 4코, 사슬뜨기 1코 후 돌리기(총 6코)

14단 : 짧은뜨기 1코, 모아뜨기 1번, 짧은뜨기 3코, 사슬뜨기 1코 후 돌리기(총 5코)

15단 : 긴뜨기 1코, 긴뜨기로 늘려뜨기 1번, 빼뜨기 1코, 긴뜨기로 늘려뜨기 1번, 긴뜨기 1코(총 7코)

- 코 사이로 실을 통과시켜 뺀다. 실을 자르고 잎의 안면에 실을 넣는다.
- 같은 방법으로 잎을 2개 더 완성한다.

두 번째 잎 (×8)

옴브르 색 실과 오르키데아 색 실로 각각 4개씩 뜬다. (편물을 돌리기 전 사슬뜨기 1코를 포함해) 사슬뜨기 4코로 시작한다.

1단 : 두 번째 코에 바늘을 넣고 *늘려뜨기 1번*×3번, 사슬뜨기 1코 후 돌리기(총 6코)

2단 : 짧은뜨기 1코, 늘려뜨기 1번, 짧은뜨기 4코, 사슬뜨기 1코 후 돌리기(총 7코)

3단 : 짧은뜨기 1코, 늘려뜨기 1번, 짧은뜨기 5코, 사슬뜨기 1코 후 돌리기(총 8코)

4~9단 : 짧은뜨기 8코[6단](총 8코)

10단 : 짧은뜨기 1코, 모아뜨기 1번, 짧은뜨기 5코, 사슬뜨기 1코 후 돌리기(총 7코)

11단 : 짧은뜨기 1코, 모아뜨기 1번, 짧은뜨기 4코, 사슬뜨기 1코 후 돌리기(총 6코)

12단 : 짧은뜨기 1코, 모아뜨기 1번, 짧은뜨기 3코, 사슬뜨기 1코 후 돌리기(총 5코)

13단 : 짧은뜨기 1코, 모아뜨기 1번, 짧은뜨기 2코, 사슬뜨기 1코 후 돌리기(총 4코)

14단 : 짧은뜨기 1코, 모아뜨기 1번, 짧은뜨기 1코, 사슬뜨기 1코 후 돌리기(총 3코)

15단 : 한길긴뜨기 1코, 빼뜨기 1코, 한길긴뜨기 1코(총 3코)

- 마지막 한길긴뜨기 코에 빼뜨기를 1코 뜬 후 마무리한다.
- 코 사이로 실을 통과시켜 뺀다. 실을 자르고 잎의 안면에 실을 넣는다.
- 같은 방법으로 (앞서 실 색에 대한 설명에 따라) 잎을 7개 더 완성한다.

세 번째 잎 (×7)

옴브르 색 실(3개 잎)과 오르키데아 색 실(4개 잎)로 완성한다. (편물을 돌리기 전 사슬뜨기 1코를 포함해) 사슬뜨기 4코로 시작한다.

1단 : 두 번째 코에 바늘을 넣고 *늘려뜨기 1번*×3번, 사슬뜨기 1코 후 돌리기(총 6코)

2단 : 짧은뜨기 1코, 늘려뜨기 1번, 짧은뜨기 4코, 사슬뜨기 1코 후 돌리기(총 7코)

3단 : 짧은뜨기 1코, 늘려뜨기 1번, 짧은뜨기 5코, 사슬뜨기 1코 후 돌리기(총 8코)

4~9단 : 짧은뜨기 8코[6단](총 8코)

10단 : 짧은뜨기 1코, 모아뜨기 1번, 짧은뜨기 5코, 사슬뜨기 1코 후 돌리기(총 7코)

11단 : 짧은뜨기 1코, 모아뜨기 1번, 짧은뜨기 4코, 사슬뜨기 1코 후 돌리기(총 6코)

12단 : 짧은뜨기 1코, 모아뜨기 1번, 짧은뜨기 3코, 사슬뜨기 1코 후 돌리기(총 5코)

13단 : 짧은뜨기 1코, 한길긴뜨기 1코, 빼뜨기 1코, 한길긴뜨기 1코, 짧은뜨기 1코(총 5코)

- 마지막 짧은뜨기 코에 빼뜨기를 1코 뜬 후 마무리한다.
- 코 사이로 실을 통과시켜 뺀다. 실을 자르고 잎의 안면에 실을 넣는다.
- 같은 방법으로 (앞서 실 색에 대한 설명에 따라) 잎을 6개 더 완성한다.

네 번째 잎 (×10)

옴브르 색 실(3개 잎), 오르키데아 색 실(4개 잎), 페스토 색 실(3개 잎)로 뜬다. (편물을 돌리기 전 사슬뜨기 1코를 포함해) 사슬뜨기 4코로 시작한다.

1단 : 두 번째 코에 바늘을 넣고 *늘려뜨기 1번*×3번, 사슬뜨기 1코 후 돌리기(총 6코)

2단 : 짧은뜨기 1코, 늘려뜨기 1번, 짧은뜨기 4코, 사슬뜨기 1코 후 돌리기(총 7코)

3단 : 짧은뜨기 1코, 늘려뜨기 1번, 짧은뜨기 5코, 사슬뜨기 1코 후 돌리기(총 8코)

4~5단 : 짧은뜨기 8코(총 8코)

6단 : 짧은뜨기 1코, 모아뜨기 1번, 짧은뜨기 5코, 사슬뜨기 1코 후 돌리기(총 7코)

7단 : 짧은뜨기 1코, 모아뜨기 1번, 짧은뜨기 4코, 사슬뜨기 1코 후 돌리기(총 6코)

8단 : 짧은뜨기 1코, 모아뜨기 1번, 짧은뜨기 3코, 사슬뜨기 1코 후 돌리기(총 5코)

9단 : 짧은뜨기 1코, 한길긴뜨기 1코, 빼뜨기 1코, 한길긴뜨기 1코, 짧은뜨기 1코(총 5코)

- 마지막 짧은뜨기 코에 빼뜨기를 1코 뜬 후 마무리한다.
- 코 사이로 실을 통과시켜 뺀다. 실을 자르고 잎의 안면에 실을 넣는다.
- 같은 방법으로 (앞서 실 색에 대한 설명에 따라) 잎을 9개 더 완성한다.

줄기, 열매, 잎 연결하기

아티초크의 줄기와 열매, 잎을 연결한다.

- 잎 아랫부분부터 열매에 바느질해 고정해 준다.
- 열매에 첫 번째 잎을 꿰맨 후 그 위에 두 번째 잎, 그다음에는 세 번째, 네 번째 잎을 차례대로 바느질한다. 원하는 대로 색을 교차로 배치하되 페스토 색 실로 완성한 두 잎은 남겨둔다.
- 남은 긴 실로 열매 밑부분에 줄기를 연결한다. 번갈아 실을 통과시키며 줄기를 따라서 입체적인 모양으로 꿰맨다.
- 남은 페스토 색 잎을 열매의 밑부분에 연결한다.

디저트

브레첼

난이도 : ★

크기 : 13×14.5cm

실

지로플리	85호	아이보리	02호
1타래		1타래	

브레첼은 지로플리 색 실로 원형뜨기 하여 완성한다.

1단 : 매직링에 짧은뜨기 6코(총 6코)

2단 : *늘려뜨기 1번*×6번(총 12코)

3단 : *짧은뜨기 1코, 늘려뜨기 1번*×6번(총 18코)

4~27단 : 짧은뜨기 18코[24단](총 18코)

10cm 정도 완성된 편물에 속을 채운다.

28~39단 : 짧은뜨기 18코[12단](총 18코)

5cm 정도 완성된 부분은 속을 채우지 않는다.

40~123단 : 짧은뜨기 18코[84단](총 18코)

35cm 정도 완성된 편물에 속을 채운다.

124~135단 : 짧은뜨기 18코[12단](총 18코)

5cm 정도 완성된 부분은 속을 채우지 않는다.

136~159단 : 짧은뜨기 18코[24단](총 18코)

10cm 정도 완성된 편물에 속을 채운다.

160단 : *짧은뜨기 1코, 모아뜨기 1번*×6번(총 12코)

161단 : *모아뜨기 1번*×6번(총 6코)

- 빼뜨기 1코로 마무리하고 코 사이로 실을 통과시켜 뺀 후 실을 자른다. 남은 6코는 바느질로 꿰맨다.
- 속을 채운 부분과 안 채운 부분을 잘 맞춰 편물을 비틀어 브레첼 모양을 만들어 준다. 끝부분은 둥글게 꿰맨다. 실을 자른 후 안으로 넣어 정리한다.

- 아이보리 색 실로 군데군데 소금을 수놓는다.

쿠키

난이도 : ★★

크기(지름) : 6.5cm

실

카넬 37호	**시에나** 41호
1타래	1타래

쿠키는 전체 원형뜨기로 완성한다.

쿠키 윗면

카넬 색 실로 뜬다.

1단 : 매직링에 짧은뜨기 8코(총 8코)

2단 : *긴뜨기 1코, 같은 코에 두길긴뜨기 1코*×8번(총 16코)

3단 : *짧은뜨기 1코, (짧은뜨기 1코, 같은 코에 두길긴뜨기 1코)*×8번(총 24코)

4단 : *(짧은뜨기 1코, 같은 코에 한길긴뜨기 1코), 짧은뜨기 1코, 한길긴뜨기 1코*×8번(총 32코)

5단 : *(짧은뜨기 1코, 같은 코에 두길긴뜨기 1코), 짧은뜨기 1코, 두길긴뜨기 1코, 짧은뜨기 1코*×8번(총 40코)

6단 : *(짧은뜨기 1코, 같은 코에 한길긴뜨기 1코), 한길긴뜨기 1코, 짧은뜨기 1코, 한길긴뜨기 1코, 짧은뜨기 1코*×8번(총 48코)

- 빼뜨기 1코로 마무리하고 코 사이로 실을 통과시켜 뺀 후 실을 자른다.
- 시에나 색 실 두 겹으로 초코칩을 수놓는다.

쿠키 밑면

카넬 색 실로 뜬다.

1단 : 매직링에 짧은뜨기 6코(총 6코)

2단 : *늘려뜨기 1번*×6번(총 12코)

3단 : *짧은뜨기 1코, 늘려뜨기 1번*×6번(총 18코)

4단 : *짧은뜨기 2코, 늘려뜨기 1번*×6번(총 24코)

5단 : *짧은뜨기 3코, 늘려뜨기 1번*×6번(총 30코)

6단 : *짧은뜨기 4코, 늘려뜨기 1번*×6번(총 36코)

7단 : *짧은뜨기 5코, 늘려뜨기 1번*×6번(총 42코)

8단 : *짧은뜨기 6코, 늘려뜨기 1번*×6번(총 48코)

- 편물을 마무리하지 않는다!
- 윗면과 밑면의 안쪽을 맞대고 포갠다.
- 편물의 속을 조금 채우고 남는 실로 쿠키 둘레를 빼뜨기로 연결한다.
- 실을 자르고 안으로 넣어 정리한다.

레몬 파이

난이도 : ★★★

크기(지름) : 파이 7cm, 레몬 한 조각 3cm,
레몬 반 조각 3.5cm, 머랭 4cm

실과 펜

카넬	37호	1타래
블레	83호	1타래
지로플리	85호	1타래
아이보리	02호	1타래

밝은 밤색 수성펜

레몬 파이는 전체를 원형뜨기로 뜨고 머랭만 왕복뜨기로 완성한다.

레몬 파이

비스킷

카넬 색 실로 뜬다.

1단 : 매직링에 짧은뜨기 5코(총 5코)

2단 : *늘려뜨기 1번*×5번(총 10코)

3단 : *늘려뜨기 1번*×10번(총 20코)

4단 : *짧은뜨기 1코, 늘려뜨기 1번*×10번(총 30코)

5단 : *짧은뜨기 2코, 늘려뜨기 1번*×10번(총 40코)

6단 : 짧은뜨기 40코(총 40코)

7단 : 뒤쪽 반코에 짧은뜨기 40코(총 40코)

8단 : 짧은뜨기 40코(총 40코)

9단 : *짧은뜨기 3코, 늘려뜨기 1번*×10번(총 50코)

마지막 단에서 사슬뜨기는 비스킷 가장자리의 울퉁불퉁한 면을 표현해 준다. 사슬뜨기 2코는 단의 콧수로 셈한다.

10단 : *짧은뜨기 1코, 사슬뜨기 2코, 다음 코에 짧은뜨기 1코*를 단이 끝날 때까지 반복(총 100코)

- 빼뜨기 1코로 마무리하고 코 사이로 실을 통과시켜 뺀 후 실을 자른다.

크림

블레 색 실로 뜬다.

1단 : 매직링에 짧은뜨기 5코(총 5코)

2단 : *늘려뜨기 1번*×5번(총 10코)

3단 : *늘려뜨기 1번*×10번(총 20코)

4단 : *짧은뜨기 1코, 늘려뜨기 1번*×10번(총 30코)

5단 : *짧은뜨기 2코, 늘려뜨기 1번*×10번(총 40코)

6단 : *짧은뜨기 3코, 늘려뜨기 1번*×10번(총 50코)

7단 : 짧은뜨기 50코(총 50코)

8단 : *짧은뜨기 3코, 모아뜨기 1번*×10번(총 40코)

9단 : 짧은뜨기 40코(총 40코)

- 빼뜨기 1코로 마무리하고 코 사이로 실을 통과시켜 뺀 후 실을 자른다. 꿰맬 수 있도록 실은 충분히 남겨둔다.

- 속을 채운 후 비스킷 위에 크림을 올리고 비스킷의 5~6단에 크림을 꿰맨다.
- 파이 위에 장식으로 올릴 레몬 한 조각, 반 조각 혹은 머랭을 선택한다.

레몬 반 조각 (×2)

아이보리 색 실로 뜬다.

1단 : 매직링에 짧은뜨기 6코(총 6코)

블레 색 실로 이어 뜬다.

2단 : *늘려뜨기 1번*×6번(총 12코)

3단 : *짧은뜨기 1코, 늘려뜨기 1번*×6번(총 18코)

4단 : *짧은뜨기 2코, 늘려뜨기 1번*×6번(총 24코)

5단 : *짧은뜨기 3코, 늘려뜨기 1번*×6번(총 30코)

아이보리 색 실로 이어서 뜬다.

6단 : *짧은뜨기 4코, 늘려뜨기 1번*×6번(총 36코)

지로플리 색 실로 이어서 뜬다.

7단 : *짧은뜨기 5코, 늘려뜨기 1번*×6번(총 42코)

- 실은 자르지 않는다!
- 레몬 조각을 반으로 접고 가장자리를 빼뜨기로 연결한다.
- 실을 코 사이로 통과시켜 잡아당긴다.
- 크림에 레몬 조각을 꿰맬 수 있도록 실을 충분히 남긴 후 자른다.
- 두 번째 레몬 반 조각도 같은 방법으로 완성하고 크림 위에 꿰맨다.

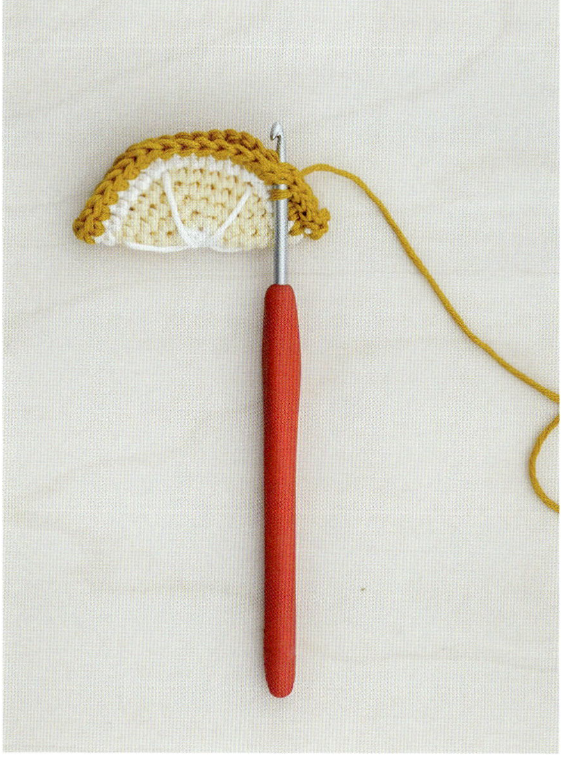

레몬 한 조각

윗면

아이보리 색 실로 뜬다.

1단 : 매직링에 짧은뜨기 6코(총 6코)

블레 색 실로 이어서 뜬다.

2단 : *늘려뜨기 1번*×6번(총 12코)

3단 : *짧은뜨기 1코, 늘려뜨기 1번*×6번(총 18코)

4단 : *짧은뜨기 2코, 늘려뜨기 1번*×6번(총 24코)

아이보리 색 실로 이어서 뜬다.

5단 : *짧은뜨기 3코, 늘려뜨기 1번*×6번(총 30코)

지로플리 색 실로 이어서 뜬다.

6단 : *짧은뜨기 4코, 늘려뜨기 1번*×6번(총 36코)

- 빼뜨기 1코로 마무리하고 코 사이로 실을 통과시켜 뺀 후 실을 자른다. 남은 실은 안으로 넣어 정리한다.

밑면

지로플리 색 실로 뜬다.

1단 : 매직링에 짧은뜨기 6코(총 6코)

2단 : *늘려뜨기 1번*×6번(총 12코)

3단 : *짧은뜨기 1코, 늘려뜨기 1번*×6번(총 18코)

4단 : *짧은뜨기 2코, 늘려뜨기 1번*×6번(총 24코)

5단 : *짧은뜨기 3코, 늘려뜨기 1번*×6번(총 30코)

6단 : *짧은뜨기 4코, 늘려뜨기 1번*×6번(총 36코)

- 실을 자르지 않는다. 안면끼리 맞대고 윗면 위에 밑면을 올리고 빼뜨기로 둘레를 연결한다.
- 코 사이로 실을 통과시켜 뺀 후 실을 자른다.
- 크림 위에 레몬 조각을 꿰맬 수 있도록 실을 충분히 남긴 후 자른다.

머랭

아이보리 색 실로 뜬다. 실을 (마지막에 꿰맬 수 있도록) 15cm 정도 남겨두고 (편물을 돌리기 전 사슬뜨기 1코를 포함해) 사슬뜨기 16코로 시작한다. 이때, 머랭은 전체 뒤쪽 반코에만 뜨개질한다는 점에 주의한다.

1단 : 두 번째 코에 바늘을 넣고 짧은뜨기 13코, 모아뜨기 1번, 사슬뜨기 1코 후 돌리기(총 15코)

2단 : 모아뜨기 1번, 짧은뜨기 12코, 늘려뜨기 1번, 사슬뜨기 1코 후 돌리기(총 15코)

3단 : 늘려뜨기 1번, 짧은뜨기 12코, 모아뜨기 1번, 사슬뜨기 1코 후 돌리기(총 15코)

4~15단 : *2~3단을 반복*×6번[12단](총 15코)

- 실을 자르지 않고 다음 단계로 넘어간다.

1 안면을 맞대고 네모로 접고 1단과 15단을 빼뜨기로 연결한다. 실을 코 사이로 통과시켜 잡아당긴다. 꿰맬 수 있도록 실을 충분히 남긴 후 자른다.

2 위와 아래를 바느질로 꿰맨다. 속은 채우지 않는다.

3 윗부분을 꿰매고 남은 실을 돗바늘에 꿰고 편물의 가운데에 둔다. 실을 위에서 아래로, 안쪽으로 통과시킨 후 그대로 둔다. 아래에서 남은 실을 돗바늘에 꿰고 편물의 가운데에 둔다. 위의 실을 잡아당겨 가운데 부분이 오목하게 안으로 들어가도록 만든다. 실 두 가닥을 두 번 매듭짓는다.

4 실 두 가닥 중 하나를 반대편으로 다시 가져와 꿰맨다. 안으로 실을 넣고 편물을 비틀어 머랭을 풍성하게 만든다.

- 크림 위에 머랭을 올리고 바늘로 꿰맨다. 밝은 밤색 수성펜으로 색을 칠해 입체적인 느낌을 살린다.

와플

난이도 : ★★

크기 : 10×7.5cm

실과 펜

블레 83호

1타래

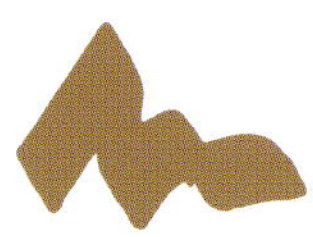

밝은 밤색 수성펜

와플은 이름처럼 와플뜨기(14쪽 기법 참조)로 왕복뜨기 해서 완성한다. 블레 색 실로 뜬다. (편물을 돌리기 전 사슬뜨기 1코를 포함해) 사슬뜨기 26코로 시작한다.

1단 : 두 번째 코에 바늘을 넣고 짧은뜨기 25코(총 25코)

2단 : 사슬뜨기 3코(한길긴뜨기 1코로 셈하기), 한길긴뜨기 24코(총 25코)

3단 : 사슬뜨기 3코(한길긴뜨기 1코로 셈하기), 한길긴뜨기 1코, *앞쪽 반코에 한길긴뜨기 1코, 한길긴뜨기 4코*×4번, 앞쪽 반코에 한길긴뜨기 1코, 한길긴뜨기 2코(총 25코)

4단 : 사슬뜨기 3코(한길긴뜨기 1코로 셈하기), 한길긴뜨기 1코, *한길긴뜨기 1코, 앞쪽 반코에 한길긴뜨기 4코*×4번, 한길긴뜨기 3코(총 25코)

5~10단 : *3~4단 반복*×3번, 사슬뜨기 1코 후 돌리기[6단](총 25코)

11단 : 짧은뜨기 25코(총 25코)

- 빼뜨기 1코로 마무리하고 코 사이로 실을 통과시켜 뺀 후 실을 자른다.

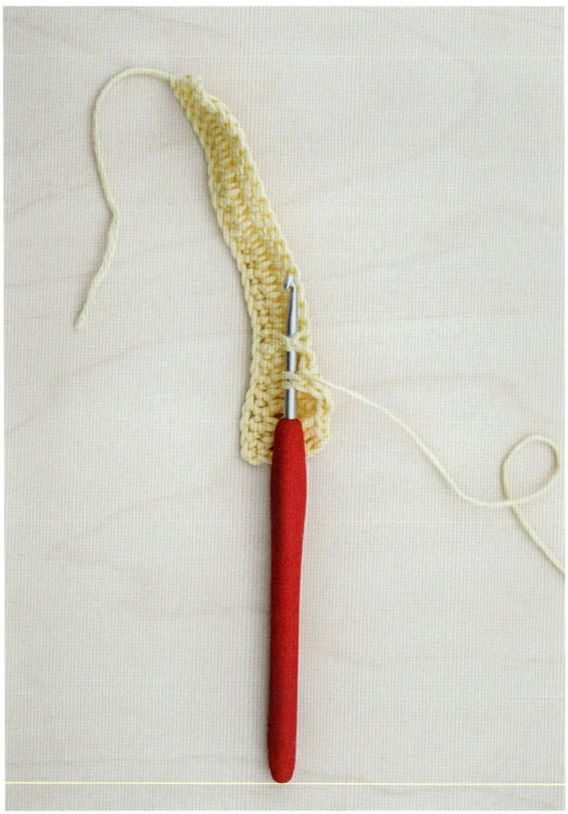

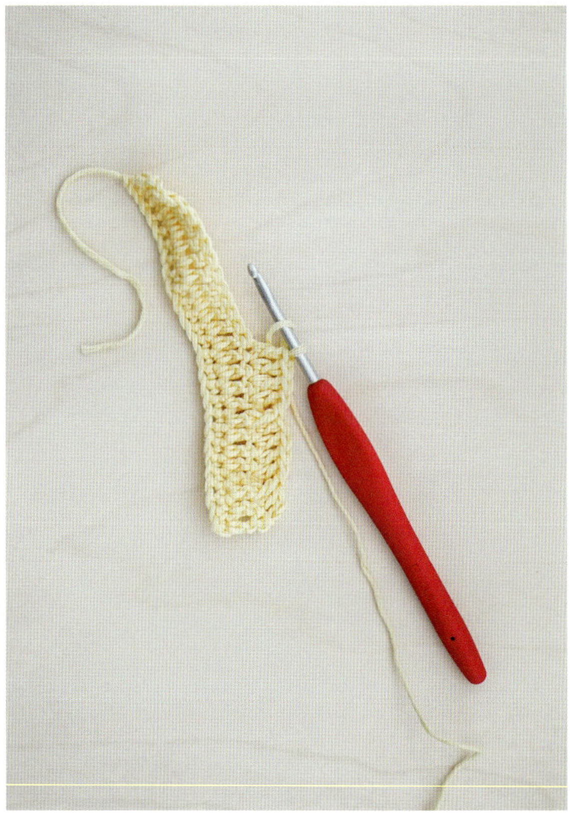

와플뜨기 겉면

와플뜨기 안면

- 같은 방법으로 두 번째 와플을 뜬다. 완성 후 실은 자르지 않는다.
- 사슬뜨기를 1코 뜬 후 안면을 맞대어 겹쳐놓고 빼뜨기로 연결한다. 속은 채우지 않는다.
- 실을 자르고 안으로 넣어 정리한다.
- 와플의 오목한 부분을 수성펜으로 살짝 칠해준다.

파트너

DMC

www.dmc.com

작품에 사용한 실은 모두 네추라 저스트 코튼입니다.

D·M·C®

FONDÉE EN 1746